पिछले तीन सालों से राहुल द्रविड़ बहुत ही धुआंधार क्रिकेट खेल रहे हैं। रनों की यह महायात्रा जारी है। बिना रुके और बिना थके वह जम कर क्रिकेट खेल रहे हैं और सैकड़े पर सैकड़े बनाते चले जा रहे हैं।

डायमंड ग्रुप की प्रस्तुति
1,79,555
प्रतियां प्रतिमाह
सर्वाधिक
बिकने वाली
क्रिकेट पत्रिका
इसका आत्मबल और संकल्प-शक्ति अतुलनीय है।
हमारे साथ मिलकर क्रिकेट के रोमांचक क्षणों का लुत्फ उठाएं
Cricket today
Tendulkar Oracle
क्रिकेट टुडे
विलक्षण प्रतिभा के जुझारू
अब बिक रही हैं
078242
अब बिक रही हैं
101313
Cricket today
क्रिकेट टुडे
• नं. 1 संपादकीय
• नं. 1 वितरण
• नं. 1 पैसे का सही मूल्यांकन
• नं. 1 कीर्तिमान स्थापित करने वाला
क्रिकेट की जीवनरेखा

भारतीय क्रिकेट की शान

राहुल द्रविड़

लेखक
राजशेखर मिश्र
रिकॉर्ड्स
राकेश पांडेय

डायमंड बुक्स

प्रकाशक : **डायमंड पॉकेट बुक्स (प्रा.) लि.**
X-30 ओखला इंडस्ट्रियल एरिया, फेज-II
नई दिल्ली-110020
फोन : 011-40712200
ई-मेल : sales@dpb.in
वेबसाइट : www.diamondbook.in

Bhartiya Cricket Ki Shaan Rahul Dravid
By : Rajshekhar Mishra

विषय सूची

...मैं राहुल द्रविड़

वैसे तो भारतीय क्रिकेट टीम के उप कप्तान श्री राहुल द्रविड़ किसी परिचय के तो मोहताज हैं नहीं, पर यदि उनके बारे में पूरी जानकारियां चाहिए, तो यह लेख क्रिकेट प्रेमियों की काफी मदद कर सकता है। आइए, हम आप भी जानें राहुल के बारे में छोटी-छोटी, जानकारियां

पूरा नामः	राहुल शरद द्रविड़
जन्म तिथिः	11 जनवरी 1973
जन्म स्थानः	इंदौर
कदः	178 सें.मी. (5 फुट 8 इंच)
वजनः	65 किलो (145 पौंड)
आंखों का रंगः	काला
बालों का रंगः	काला
राशिः	मीन
भूमिकाः	दाएं हाथ के बल्लेबाज और दाएं हाथ के गेंदबाज
पेशाः	पेशेवर क्रिकेटर
मनपसंद अखबारः	दि हिन्दू
मनपसंद पत्रिकाः	स्पोर्ट्स स्टार, क्रिकेट टुडे
यादगार दिनः	पाकिस्तान के खिलाफ रावलपिंडी में 270 रन बनाना
मनपसंद मैदानः	चिन्ना स्वामी स्टेडियम, बंगलौर
अन्य मनपसंद खेलः	हॉकी, टेनिस, गोल्फ
मनपसंद ड्रिंकः	मैंगो शेक
मनपसंद डिशः	घर का खाना
मनपसंद अभिनेता/अभिनेत्रीः	टॉम क्रूज, आमिर खान/मनीषा कोइराला/ रवीना टंडन
मनपसंद टी.वी. शोः	ए क्वेश्चन ऑफ स्पोर्ट्स
मनपसंद फिल्मः	दिल वाले दुल्हनियां ले जाएंगे
फुर्सत के पल कैसे गुजारते हैं:	मित्रों के साथ

मनपसंद संगीत: भारतीय गीत/संगीत

मनपसंद सैरगाह: गोवा, नैरोबी

अन्य खेलों के मनपसंद खिलाड़ी: पीट सैम्प्रास, जोन मैकनरो

क्रिकेट के आदर्श: सुनील गावस्कर, विव रिचर्ड्स

पसंदीदा कार: मर्सीडीज

मनपसंद होटल: शिजान, बंगलौर

मनपसंद रेस्टोरेंट: दि नेस्ट

मनपसंद पोशाक: जीन्स-शर्ट

क्रिकेट में निराशाजनक दिन: रणजी ट्राफी में बंग़ाल से राजक़ोट में 6 विकेट पर 790 रन बनाने के बाद हारना

किन-किन देशों में खेले हैं: दक्षिण अफ्रीका, जिम्बाव्वे, वेस्टइंडीज, बाग्लादेश, केन्या, आस्ट्रेलिया, इंग्लैंड, पाकिस्तान, श्रीलंका, न्यूजीलैंड, कनाडा, शारजाह

महत्वाकांक्षा: भारतीय टीम के लिए ज्यादा से ज्यादा खेलना

कहां-कहां से खेले हैं: कर्नाटक, सन् 2000 में इंग्लिश काउंटी में केंट से और 2003 में स्कॉलैंड के लिए तथा अपने देश भारत के लिए

प्रथम रणजी ट्राफी मैच: महाराष्ट्र के खिलाफ 2 फरवरी 1991 में (18 साल 21 दिन की उम्र में)

पहला टेस्ट मैच: इंग्लैंड के खिलाफ लाड्र्स में 20 जून 1996 में 23 साल 5 माह की उम्र में

पहला वन डे: श्रीलंका के खिलाफ सिंगापुर में 3 अप्रैल 1996 में (23 साल दो महीने की उम्र में)

भारत की शान है राहुल द्रविड़

भारतीय क्रिकेट टीम के उप कप्तान और मिस्टर कूल के नाम से मशहूर राहुल द्रविड़ ने साल खत्म होते-होते फिर सुर्खियां बटोर लीं। सन् 2004 का साल भी उनके लिए लाभदायक भी रहा और स्वास्थ्य वर्धक भी। लाभदायक इस लिहाज से कि उन्होंने पिछले साल फिर से ढेरों रन बनाये और स्वास्थ्यवर्धक इस लिहाज से कि वह अब पहले की अपेक्षा ज्यादा फिट भी दिखाई देते हैं। चपल भी। और तेज भी। वैसे तो पिछले साल भी उन्होंने कई बड़े कारनामे किये, पर जो काम उन्होंने साल के अंत में बांग्लादेश की सरजमीं पर कर डाला, वह न सिर्फ सनसनीखेज रहा, बल्कि हैरतअंगेज भी रहा। उन्होंने बांग्लादेश के खिलाफ खेले गए चटगांव टेस्ट मैच में जो 160 रनों वाला शतक जमाया, वह ऐतिहासिक शतक था उनके कैरियर के लिहाज से। यह शतक बना कर उन्होंने दुनिया के सभी टेस्ट मैच खेलने वाले देशों के खिलाफ शतक बनाने का कीर्तिमान तो बनाया ही, साथ ही प्रत्येक टेस्ट खेलने वाले देश की धरती पर भी शतक जमाने का कारनामा कर डाला। वैसे हर देश (टेस्ट खेलने वाले) के खिलाफ शतक जमाने का काम तब तक सिर्फ तीन खिलाड़ी ही कर पाए थे। वे तीन थे, ऑस्ट्रेलिया के पूर्व कप्तान स्टीव वॉ, भारत के मास्टर ब्लास्टर सचिन तेंदुलकर तथा दक्षिण अफ्रीका के पूर्व ओपनर गैरी कर्स्टन। पर हर टेस्ट खेलने वाले देश की धरती पर शतक जमाने का काम राहुल द्रविड़ से पहले कोई भी खिलाड़ी नहीं कर पाया था और यह रिकॉर्ड बनाने वाला वह अकेला एवं एकमात्र खिलाड़ी है।

यही नहीं, पिछले साल उसने पाकिस्तान की धरती पर खेलते हुए भी उसने एक बड़ा कारनामा कर डाला था। रावलपिंडी के टेस्ट मैच में उसने 270 रनों की जो ऐतिहासिक पारी उसने खेली थी, वह भी लाजवाब रही थी। यह राहुल द्रविड़ का पांचवां दोहरा शतक था। भारत की तरफ से अब तक कोई भी क्रिकेटर पांच दोहरे शतक नहीं जमा सका है। इन पांच दोहरे शतकों में से तीन दोहरे शतक तो उसने पिछले सीजन में ही बनाये थे। 222 रन अहमदाबाद में न्यूजीलैंड के खिलाफ, 233 रन एडीलेड में ऑस्ट्रेलिया के खिलाफ और 270 रन पाकिस्तान के खिलाफ रावलपिंडी में। ये तीन दोहरे शतक पिछले सीजन

(2003-04) में ही बने थे, जबकि बाकी दो दोहरे शतक 2001 और 2002 में बने थे। इनमें से एक दिल्ली में और दूसरा ओवल में बना था।

पिछले सीजन में तो राहुल ने गजब ही कर दिया था। उसने 1 अगस्त 2003 और 31 जुलाई 2004 के बीच कुल नौ टेस्ट मैच खेले थे और उसकी 16 पारियों में कुल 12 सौ 41 रन बनाये थे। तीन दोहरे शतकों और चार पचासों से लैस इस सीजन में उनका औसत रहा था 95.46 रन प्रति पारी। न्यूजीलैंड के खिलाफ अहमदाबाद टेस्ट में उनके स्कोर रहे थे 222 और 73 रन। चंडीगढ़ टेस्ट में उनके स्कोर थे 13 और 3 रन। उसके बाद भारतीय टीम ऑस्ट्रेलिया के दौरे पर पहुंच गई थी। जहां ब्रिस्बेन टेस्ट में उनके स्कोर रहे थे 1 और 43 रन। एडीलेड टेस्ट में स्कोर रहे थे 233 रन तथा 72 नॉट आउट, मेलबोर्न में उनके बैट से निकले थे 49 और 92 रन। सिडनी में 38 और 91 नॉट आउट। फिर अपनी टीम पहुंची थी पाकिस्तान, जहां पर मुल्तान (06 रन) और लाहौर (33 तथा 0) में तो वह सफल नहीं हो पाए थे, पर रावलपिंडी में उन्होंने जो 270 रनों की पारी खेली थी, वही पारी दौरे में भारत को सीरीज जिताने में बहुत-बहुत सहायक साबित हुई थी।

ये ऐतिहासिक प्रदर्शन राहुल के कैरियर में भी चार चांद लगाने वाला साबित हुआ था, क्योंकि इसी प्रदर्शन के बूते पर ही तो उन्हें अंतर्राष्ट्रीय क्रिकेट परिषद (आई सी सी) की तरफ से पहला "आई सी सी प्लेयर ऑफ द ईयर" के पुरस्कार से सम्मानित किया गया था। दरअसल, सच बात तो यह है कि इस अंतर्राष्ट्रीय स्तर के बड़े पुरस्कार ने राहुल के कद में काफी इजाफा भी किया है। श्रीवृद्धि में भी।

राहुल के कैरियर का एक बड़ा टर्न पिछले साल भी हुआ था। उन्होंने भारत की तरफ से टेस्ट मैचों में भी कप्तानी की थी। पहले उन्होंने पाकिस्तान के खिलाफ मुलतान में कप्तानी की, जिसमें भारत जीत गया। लाहौर में भी द्रविड़ जी ही कप्तान थे, पर भारत यह मैच हार गया।

उसके बाद ऑस्ट्रेलिया की टीम भारत के दौरे पर आई। बंगलौर टेस्ट मैच भारत हारा। दूसरा टेस्ट जीतते-जीतते रह गए। यह मैच चेन्नई में खेला गया। नागपुर टेस्ट मैच में कप्तानी का दायित्व फिर द्रविड़ के कंधों पर आ गया। भारत यह मैच हारा। लेकिन मुंबई के टेस्ट मैच में भारत ने बढ़िया प्रदर्शन किया और मैच जीत भी गया। कुल मिलाकर तो यही कहा जा सकता है कि द्रविड़ ने टेस्ट-मैचों में भी बढ़िया कप्तानी की और यह संकेत भी दे दिया कि उनमें भारत की कप्तानी करने की काबिलियत है और वह इस पद पर बैठने

के लायक भी है और सक्षम भी।

यही नहीं, राहुल द्रविड़ के साथ एक उपमा यह भी जुड़ी है कि वह भारत भूमि पर उतनी अच्छी बल्लेबाजी नहीं करता है या कर पाता है, जितनी बढ़िया बैटिंग वह भारत के बाहर करता है। इन्हीं सब बातों के चलते ही तो उसे विदेशी धरती का महानायक कहा जाता है।

उसने अपने कैरियर के जो पांच दोहरे शतक लगाए हैं, उनमें से तीन विदेशी धरती पर ही बनाये गये हैं और तो और अपने कैरियर के दौरान उसने 2004 के अंत तक जो कुल 18 शतक जमाए हैं, उनमें से 12 शतक विदेशों में ही बनाये गए हैं। यही नहीं, उसने अपने कैरियर में जो 7390 रन बनाए हैं, उनमें से 4353 रन विदेशी भूमि पर ही बनाए गए हैं।

वैसे तो विदेशी धरती पर सबसे ज्यादा रन बनाने का कीर्तिमान भारतीय मास्टर ब्लास्टर सचिन तेंदुलकर के नाम पर दर्ज है। पर औसत के मामले में राहुल द्रविड़ ने सचिन तेंदुलकर को भी पछाड़ रखा है। सचिन तेंदुलकर ने चटगांव टेस्ट मैच तक विदेशी धरती पर कुल 69 टेस्ट मैचों में 5489 रन बनाए थे, जबकि राहुल द्रविड़ ने बनाए थे 47 टेस्ट मैचों में 4353 रन। विदेशों में तब तक सचिन के बैट से निकले थे 19 शतक तो द्रविड़ ने बनाए हैं कुल 12 शतक। जहां तक औसत का सवाल है, तो इस सूची में राहुल टॉप पर रहेंगे, क्योंकि उनका औसत रहा है 62.58 रन प्रति पारी, तो सचिन का है 56.80 रन प्रति पारी। विदेशी धरती पर सबसे अच्छा औसत अब तक इंग्लैंड के पूर्व टेस्ट क्रिकेटर वाली हैमंड ने निकाला है। उनका औसत रहा है 66.33 रन प्रति पारी।

इन्हीं सब बातों को ध्यान में रख कर ही तो अब यह बहस भी शुरू हो गई है कि क्या वह भारत का सर्वश्रेष्ठ बल्लेबाज है। पिछले आठ या नौ सालों से उन्होंने जो बढ़िया खेल दिखाया है, उसी के आधार पर ही तो यह बहस शुरू करने की कोशिशें शुरू हुई हैं। जहां तक उनके ऐतिहासिक प्रदर्शनों का सवाल है, तो उसे सीधे-सीधे ऐसे भी देखा जा सकता है। भारत ने इंग्लैंड को हेडिंग्ले टेस्ट मैच में हराया उसमें राहुल जी का स्कोर रहा 148 रन। हमने एडीलेड में कंगारुओं को हराया, जहां राहुल जी का स्कोर रहा 233 रन। हम रावलपिंडी में जीते, वहां द्रविड़ जी का स्कोर रहा 270 रन। जब सन् 2001 में कोलकाता में ऑस्ट्रेलिया ने हमें फंसा लिया था, तब राहुल ने ही तो वी वी एस लक्ष्मण का सही साथ निभाया था और 180 रन बनाए थे।

यही नहीं, सन् 2002 में जॉर्जटाउन में, सूजे हुए जबड़े से जब वह बहुत परेशान थे, तब 144 नॉट आउट के स्कोर ने उनका कद बहुत बढ़ा दिया था।

नॉटिंघम में उन्होंने 115 रनों की जो पारी खेली थी, वह भी ऐतिहासिक रही थी और सन् 2002 में उन्होंने ओवल (इंग्लैंड) में जो दोहरा शतक जमाया था, वह तो और भी लाजवाब रहा था, हैरतअंगेज भी और ऐतिहासिक भी। ये सब वे रन या रेकॉर्ड हैं, जो यह साबित करने का सार्थक प्रयास कर रहे हैं कि राहुल ही भारत के सर्वश्रेष्ठ बल्लेबाज है। हैं कि नहीं। आप ही बताएं।

यह बात सच है कि सचिन तेंदुलकर के खेल में ज्यादा चमत्कार है। वीरेदंर सहवाग की बैटिंग में ज्यादा तेजी है और वी. वी. एस. लक्ष्मण के खेल में ज्यादा कलात्मकता है, पर इन सभी बातों का पुट हमें राहुल जी की बैटिंग में देखने को मिल जाता है। तेजी भी, चमत्कार भी और कला भी। पिछले तीन सालों में जितना बढ़िया प्रदर्शन राहुल द्रविड़ का रहा है, उतना भारत के किसी भी बल्लेबाज का नहीं रहा है। उनकी पारियों में पिछले तीन सालों में हमने जो समर्पण और अनुशासन देखा है, वैसा किसी और की बैटिंग में हमें नहीं ही देखने को मिला है। वह खुद भी इस बात को स्वीकारते हैं कि उन्होंने अपने खेल को निखारने में बहुत ही 'कूल' दिमाग से काम किया है। शायद यही कारण है कि लोग उन्हें लोग मिस्टर कूल भी कहते हैं।

वैसे जहां तक उनके क्रिकेटीय आंकड़ों का सवाल है, तो उसे देख कर तो कोई भी शख्स उनके क्लास की कल्पना कर सकता है। उनका वैसे तो सामान्य बैटिंग का औसत 86 टेस्ट मैचों में तकरीबन 58 रन प्रति पारी बैठता है, पर विदेशी धरती पर उनका औसत घरेलू प्रदर्शन से कहीं ज्यादा बैठता है। 63.53 रन प्रति पारी। जो लोग क्रिकेट के गणित में ज्यादा विश्वास करते हैं, उनके लिए ही ये आंकड़े उपलब्ध कराये जा रहे हैं। पिछले दिनों पाकिस्तान में रावलपिंडी टेस्ट में उन्होंने 270 रनों की जो ऐतिहासिक पारी खेली थी, उसे देखकर तो क्रिकेट का बड़े से बड़ा विद्वान भी वाह-वाह करने को मजबूर हो गया। उस पारी को राहुल द्रविड़ ने 12 घंटे और 20 मिनट तक अपने खून और पसीने से सींचा था, जबकि उस टेस्ट मैच की दोनों पारियों में पाकिस्तान ने कुल नौ घंटे और 37 मिनट लिए थे। यानी एक अकेला राहुल ही पाकिस्तान पर भारी पड़ गया था। वैसे भी वह टेस्ट बहुत महत्वपूर्ण था, क्योंकि भारत और पाकिस्तान दोनों एक-एक टेस्ट मैच जीत कर बराबरी पर थे। राहुल की उस ऐतिहासिक पारी का ही यह प्रताप था कि हम मैच भी जीत गये थे और सिरीज भी। जय हो राहुल जी की।

वह कहते भी हैं गर्व के साथ कि 'जीतती हुई टीम का सहयोगी बनना मुझे बहुत भाता है। और जब मेरे अपने खेल से मेरी टीम जीत जाती है, तब

तो मुझे बहुत ही अच्छा लगता है। सचमुच में वे क्षण यादगार भी होते हैं और ऐतिहासिक भी।'

इधर दो-तीन सालों से राहुल जी की बैटिंग बहुत ही बढ़िया रही है और वे ढेर सारे रन भी बना रहे हैं और रिकॉर्ड भी। इन्हीं सब बातों को ध्यान में रखकर ही तो यह अब कहा भी जाने लगा है कि क्या राहुल द्रविड़ इस वक्त देश का सबसे अच्छा बल्लेबाज है। बहस हो रही है इस मुद्दे पर और धीरे-धीरे उनका खेल और भी निखरता चला जा रहा है।

यही नहीं, इधर जब से वह बड़े-लंबे-लंबे शतक बना रहे हैं और दोहरे शतक भी, तो अब यह जुमला भी हवा में तैरने लगा है कि वह जल्दी ही तिहरा शतक भी उड़ाएंगे। इस बाबत पूछे जाने पर राहुल कहते हैं-'इस संदर्भ में तो कुछ भी कहना ठीक नहीं है। मैं तो बस इसी फिराक में रहता हूं कि मेरे अपने खेल से भारत की स्थिति ठीक हो जाए और मजबूत हो जाए। रन तो बाद की चीज होती है। रही बात 300 या उससे ज्यादा रन बनाने की, तो इस बारे में तो यही कहूंगा कि जैसे ही स्थितियां ठीक होंगी और विकेट मेरे मनमाफिक होगा मैं फिर तिहरा शतक बना ही दूंगा। कोशिशें तो जारी हैं ही।

सिर्फ टेस्ट मैचों में ही नहीं, राहुल एकदिवसीय मैचों में भी बेहतरीन बैटिंग का मुजाहिरा कर रहे हैं। 31 दिसंबर 2004 तक उन्होंने 249 एक दिवसीय मैच खेले थे, जिसकी 230 पारियों में उन्होंने 7490 रन बनाए थे, जिसमें आठ शतक थे और 52 पचासे। उनका स्ट्राइक रेट है 69.18 तथा औसत है 39.40 रन प्रति पारी। उन्होंने अब तक 134 कैच लपके हैं और 12 को स्टंप भी आउट किया है। भूल गए, वह भारत की एक दिवसीय टीम के विकेट कीपर भी तो हैं।

पिछले दिनों राहुल जी ने एक और बड़ा रिकॉर्ड बनाया था। दरअसल, यह रेकॉर्ड था कैच लेने का। वह टेस्ट मैचों में कैच लेने का भी शतक जमा चुके हैं। पहले यह कीर्तिमान लिटिल मास्टर सुनील गावस्कर के नाम पर दर्ज था, जिन्होंने कुल 106 कैच लपके थे। उस रेकॉर्ड को राहुल द्रविड़ ने तोड़ दिया है। राहुल जी ने अब तक कुल 110 कैच लपके हैं। बधाइयां, राहुल जी।

कुछ लोग तो अभी से यह कल्पना भी करने लगे हैं कि राहुल द्रविड़ जब अपना बैट और कीपिंग ग्लव्स खूंटी में टांगेंगे या फिर रिटायरमेंट लेंगे, तब उनके नाम पर कुल कितने रेकॉर्ड दर्ज होंगे। अभी इस बाबत न तो किसी भी तरह की कोई गणना ही की जा सकती है और ना ही किसी तरह का कोई कमेंट ही किया जा सकता है और ना ही इस बात कोई कल्पना ही की जा

सकती है। हां, इतना अवश्य कहा जा सकता है कि राहुल जब भी खेल से रिटायर होंगे तब एक महान खिलाड़ी के रूप में ही रिटायर होंगे। एक ऐसे खिलाड़ी के रूप में, जिसने इस देश की सेवा की, जम कर सेवा की और उसे कई मर्तबा उम्दा जीतों से सजाया भी और संवारा भी। जय हो राहुल जी की।

11 जनवरी, 1973 को इंदौर में जन्मे भारतीय टीम के उप कप्तान राहुल द्रविड़ अब तक कर्नाटक के अलावा इंगलिश काउंटी में केंट और स्कॉटलैंड की ओर से भी खेल चुके हैं। भारत की एक दिवसीय टीम में वह बल्लेबाज के भूमिका में तो उतरते ही हैं विकेट कीपर का रोल भी बखूबी निभाते हैं। यह बात बहुत कम लोगों को मालूम है कि राहुल द्रविड़ दाहिने हाथ से ऑफ ब्रेक गेंदबाजी भी कर लेते हैं। पर चूंकि वह विकेट कीपिंग कर रहे होते हैं, इसलिए वह गेंदबाजी तो नहीं ही कर पाते हैं।

उन्होंने अपना पहला एक दिवसीय मैच श्रीलंका के खिलाफ सिंगापुर में सिंगर कप मुकाबले के दौरान सन् 1996 में खेला था। तब से लेकर अब तक वह भारत की तरफ से कुल 237 एकदिवसीय मैच खेल चुके हैं। अब तक उन्होंने 217 पारियों में से 26 में नॉट आउट रहे हैं और सात हजार 578 रन बनाए हैं, जिनमें नौ शतक तथा 52 पचासे हैं।

सबसे अच्छी बात यह है कि जब वह किसी मैच के लिए तैयार हो रहे होते हैं, तब सारी नेगेटिव बातें अपने मन मस्तिष्क से निकाल देते हैं और हमेशा पॉजिटिव बातें ही सोचते हैं। सिर्फ सफलता ही तब उनके दिलो दिमाग पर छाई रहती है। बस।

सच बात तो यह है कि भारत की टीम में इस वक्त एक से एक दिग्गज खिलाड़ी मौजूद हैं। सचिन तेंदुलकर, वीरेंदर सहवाग, सौरव गांगुली, युवराज सिंह और कलात्मक खेल खेलने वाले वीवीएस लक्ष्मण। इन सब धुआंधार खिलाड़ियों की मौजूदगी के बावजूद पिछले तकरीबन तीन सालों से राहुल के खेल में जितनी कंसिस्टेंसी देखी गई हैं, उतनी कंसिस्टेंसी किसी भी खिलाड़ी में नहीं दिखाई दी है। वह खेल रहे हैं और लगातार खेल रहे हैं और सबसे अच्छी बात यह है कि उनके बैट से लगातार रन भी निकल रहे हैं।

क्रिकेट के कुछ विद्वानों का तो यही मानना है कि राहुल भारत के उन मैचों में बहुत ही अच्छा खेलते हैं, जो देश के लिए बहुत ही महत्वपूर्ण होते हैं। बैटिंग करने में मजा उन्हें तभी आता है, जब सामने बड़े तूफानी और खूंखार गेंदबाज गेंदबाजी कर रहे होते हैं। पिछले दिनों उन्होंने उन बड़े मैचों में ही

ज्यादा रन बनाए हैं, जो विश्व की बड़ी टीमों के खिलाफ खेले गए। यानी मुकाबले में जितनी बड़ी टीम, उतना ही अच्छा प्रदर्शन।

मास्टर ब्लास्टर सचिन तेंदुलकर भी राहुल द्रविड़ के दीवाने हैं। कहते हैं-मैं राहुल को विश्व के सर्वश्रेष्ठ बल्लेबाजों में से एक मानता हूं। वह नए खिलाड़ियों के लिए परफेक्ट रोल मॉडल हैं। उधर दूसरी ओर न्यूजीलैंड के पूर्व कप्तान मार्टिन क्रो का तो यहां तक मानना है कि वह बहुत ही दुर्लभ किस्म का बल्लेबाज है, जो तकनीकी रूप से भी दक्ष है और सक्षम भी। उनकी जितनी भी तारीफ की जाए कम है।

उन्होंने अपने कैरियर में अब तक जिस तरह की बल्लेबाजी की है, वह भी कम काबिले तारीफे नहीं है। 230 से ज्यादा मैचों में साढ़े सात हजार रन बनाना कम उपलब्धि वाली बात नहीं है। उसमें भी नौ शतक और 52 पचासे। उनका एकदिवसीय मैचों में औसत है 40 के आसपास। यही नहीं 1997-98 के सीजन में उनका खराब वक्त भी आया था, जब उन्हें भारत की एक दिवसीय टीम तक से निकाल दिया गया था। लेकिन इस दौरान टीम में वापसी करने के लिए उन्होंने बहुत ही जबरदस्त मेहनत की थी। अपने खेलने का ढंग बदला था और बैटिंग स्टाइल भी। वह जल्द ही दोबारा से भारत की वन डे टीम में आ गए थे। जब से वह टीम में वापस आए हैं, तभी से उनके खेल में बड़ा जबरदस्त चेंज देखने को मिला है हमें। वापसी के बाद तो उन्होंने सिर्फ अच्छी नहीं, बहुत ही अच्छी बैटिंग की है और लगातार रन पर रन बनाए हैं।

पिछले दो सालों से उन्होंने सिर्फ टेस्ट मैचों में ही नहीं, एकदिवसीय मैचों में भी बढ़िया खेल का नजारा पेश किया है। सन् 2002 में अहमदाबाद में वेस्ट इंडीज के खिलाफ उन्होंने जो 109 रनों की पारी खेली थी वह पारी लोग आज तक याद रखे हुए हैं। फिर पिछले साल पाकिस्तान के खिलाफ लाहौर में उन्होंने जो 76 (नॉट आउट) रन बनाए थे, वे भी न सिर्फ लाजवाब थे, बल्कि बेहतरीन भी थे। सन् 2001 के बाद से उन्होंने एकदिवसीय मैचों में अपना रन औसत 40 के आसपास ही बरकरार रखा है। सन् 2002 में उनका औसत रहा था 49, तो 2003 में औसत निकला 47.44 रन प्रति पारी।

इन सब बातों और तथ्यों को देख कर तो कोई भी शख्स यह कह सकता है कि राहुल जी सिर्फ टेस्ट मैचों में ही नहीं, एकदिवसीय मैचों में भी बेहतरीन क्रिकेट के नजारे पेश कर रहे हैं। टेस्ट मैचों में इन दिनों जहां वह डबल सेंचुरी बनाने में मस्त और व्यस्त हैं, तो एक दिवसीय मैचों में भी तो वह तड़ातड़ रन बना रहे हैं और धड़ल्ले से रन बना रहे हैं। बिना रुके और बिना थके।

बहरहाल, इन स्थितियों और परिस्थितियों में तो यही कहा जा सकता है कि राहुल द्रविड़ आज की तारीख में भारत के सबसे भरोसेमंद बल्लेबाज हो गए हैं। वह लगातार खेले चले जा रहे हैं, बिना रुके और बिना थके। 86 टेस्ट मैच लगातार खेले हैं उन्होंने, जो इस बात को भी दर्शाता है कि उनकी फिटनेस का स्तर क्या है। न कहीं से बीमार और ना हीं कहीं चोट या खरोंच ही। फिट। एकदम फिट और लगातार फिट। ऐसे में अगर भारत के क्रिकेट प्रेमी यह कह रहे हैं कि भारत की शान है राहुल जी, तो इसमें गलत क्या है। वह हैं ही तारीफ के काबिल। तभी तो हम उनकी तारीफ किए जा रहे हैं।

17 दिसंबर, 2004

मिस्टर कूल या फिर मिस्टर डिपेंडेबल कहलाए जाने वाले राहुल द्रविड़ की जिंदगी में वैसे तो तमाम ऐसे दिन आए हैं, जो यादगार भी रहे हैं और ऐतिहासिक भी, पर जो एक दिन उसकी जिंदगी का सबसे यादगार दिन कहलाएगा वह है शुक्रवार। शुक्रवार 17 दिसंबर सन् 2004 का दिन। यही वह दिन है, जिसने राहुल द्रविड़ को इतिहास पुरुष बना दिया। इस दिन उसने एक ऐसा शतक बना दिया, जो ऐतिहासिक भी रहा और यादगार भी। हालांकि यह उनका 18वां शतक ही था, पर उसने एक ऐसा इतिहास रच दिया है, इस शतक के माध्यम से, जिसे अब तक क्रिकेट के इतिहास में कोई भी नहीं रच पाया है। उसने सभी देशों के खिलाफ तो शतक बनाया ही, साथ ही टेस्ट खेलने वाले सभी देशों की धरती पर भी शतक बनाने का अद्भुत कारनामा कर डाला।

वैसे तो अब तक सचिन तेंदुलकर, स्टीव वॉ और वॉट कर्स्टन भी सभी देशों के खिलाफ शतक बनाने का इतिहास रच चुके हैं, पर राहुल द्रविड़ दुनिया के ऐसे एकमात्र बल्लेबाज हो गए हैं, जिन्होंने सभी टेस्ट खेलने वाले देशों की धरती पर शतक बनाने का कीर्तिमान बना डाला है।

बांग्लादेश के खिलाफ चटगांव में अपने कैरियर का यह उनका 18वां टेस्ट शतक था। बांग्लादेश के खिलाफ यह उनका तीसरा टेस्ट था और इससे पहले उनके खिलाफ राहुल का सर्वाधिक स्कोर मात्र 41 रन था, जो सन् 2000 में उन्होंने ढाका में बनाया था। उन्होंने अब तक जो 18 शतक बनाये हैं, उनमें छह शतक भारत में, इंग्लैंड में तीन, न्यूजीलैंड में दो, ऑस्ट्रेलिया, बांग्लादेश, दक्षिण अफ्रीका, वेस्टइंडीज, पाकिस्तान, जिम्बाब्वे और श्रीलंका की सरजमीं पर एक-एक शतक जमाया है। यही नहीं इसी ऐतिहासिक पारी के दौरान ही भारतीय ओपनर गौतम गंभीर के साथ विदेशी धरती पर दूसरे विकेट की साझेदारी में अब तक सबसे ज्यादा रन (259) बनाने का भी रिकॉर्ड बनाया। पहले यह रेकॉर्ड 237 रनों का पंकज राय और विजय मांजरेकर के नाम पर दर्ज था, जो उन्होंने 51 साल पहले वेस्टइंडीज के खिलाफ किंग्सटन में बनाया था।

जहां तक राहुल द्रविड़ द्वारा लगाये गए अब तक के 18 शतकों का सवाल

है, तो यह उपलब्धि उन्होंने अपने 86वें टेस्ट मैच के दौरान प्राप्त की। उनसे ज्यादा शतक अब तक जिन भारतीयों ने बनाये हैं, वे हैं सचिन तेंदुलकर और सुनील गावस्कर (34 टेस्ट शतक) तथा मोहम्मद अजहरूद्दीन (22 शतक) था। राहुल द्रविड़ ने अपना यह 18वां शतक 226 मिनट में 196 गेंद खेलकर बनाया, जिसमें 14 शानदार और दर्शनीय चौके भी थे।

जिस दिन राहुल द्रविड़ ने यह शानदार शतक जमाया था, उस दिन खेल समाप्त होने के बाद उन्होंने कहा कि इस शतक ने मुझमें कितने मनोबल का संचार किया है उसकी सिर्फ कल्पना ही की जा सकती है। फिलहाल तो आप यही समझिए कि मैं इस शतक के बाद और भी संतुष्ट हो गया हूं तथा कूल भी।

द्रविड़ के शतकों का ब्यौरा इस प्रकार है-

स्कोर	बनाम	स्थल	मैच	वर्ष
148	द.अफ्रीका	जोहान्सबर्ग	तीसरा टेस्ट	1996-97
118	जिंबाव्वे	हरारे	एक मात्र टेस्ट	1998-99
190	न्यूजीलैंड	हैम्लिटन	तीसरा टेस्ट	1998-99
103*	न्यूजीलैंड	हैम्लिटन	तीसरा टेस्ट	1998-99
107	श्रीलंका	कोलंबो	एथिपाई टेस्ट	1998-99
144	न्यूजीलैंड	मोहाली	पहला टेस्ट	1999-00
200*	जिंबाव्वे	दिल्ली	पहला टेस्ट	2000-01
162	जिंबाव्वे	नागपुर	दूसरा टेस्ट	2000-01
180	ऑस्ट्रेलिया	कोलकाता	दूसरा टेस्ट	2000-01
144*	वेस्टइंडीज	गुआना	पहला टेस्ट	2000-01
115	इंग्लैंड	नाटिंघम	दूसरा टेस्ट	2002
148	इंग्लैंड	लीड्स	तीसरा टेस्ट	2002
217	इंग्लैंड	ओवल	चौथा टेस्ट	2002
100*	वेस्टइंडीज	मुंबई	पहला टेस्ट	2002-03
222	न्यूजीलैंड	अहमदाबाद	पहला टेस्ट	2003-04
233	ऑस्ट्रेलिया	एडिलेड	दूसरा टेस्ट	2003-04
270	पाक	रावलपिंडी	तीसरा टेस्ट	2003-04
145*	बांग्लादेश	चटगांव	दूसरा टेस्ट**	2004-05

जहां तक राहुल द्रविड़ के शतकों का विश्लेषण करने का सवाल उठता है, तो इस बारे में साफ और स्पष्ट तौर पर यह कहा जा सकता है कि राहुल जी ने अपने टेस्ट कैरियर सर्वश्रेष्ठ स्कोर 270 रन पाकिस्तान में रावलपिंडी में बनाया था। भारत में उनका सर्वश्रेष्ठ स्कोर 222 रन है, जो उन्होंने न्यूजीलैंड के खिलाफ अहमदाबाद में बनाया है। इंग्लैंड में इंग्लैड के खिलाफ सर्वश्रेष्ठ स्कोर 217 रन, वेस्टइंडीज में उन्हीं के खिलाफ 144 रन जार्जटाउन में, ऑस्ट्रेलिया के खिलाफ एडीलेड में 233 रन तथा श्रीलंका के खिलाफ उनका सर्वश्रेष्ठ स्कोर 107 रन रहा है। न्यूजीलैंड में उनका स्कोर हैमिल्टन में बनाया गया शतक (190 रन) रहा है।

कुल मिला कर तो यही कहा जा सकता है कि राहुल द्रविड़ के क्रिकेट कैरियर में अभी और भी कई बड़े पड़ाव देखने में सामने आएंगे, पर जो बात चटगांव के शतक में देखने को मिली, वो बात किसी और में न थी।

वैसे भी भारतीय क्रिकेट के क्षितिज पर जो आजकल बस एक ही शख्स का नाम चमक रहा है, वह शख्स है राहुल द्रविड़। एकदिवसीय क्रिकेट में जहां इस बल्लेबाज ने धुआंधार खेल की बदौलत विपक्षियों के धुर्रे उड़ा रखे हैं, वहीं पांच दिवसीय क्रिकेट में भी ये शख्स बेहतरीन बल्लेबाजी कर रहा है। 1999 में मोहाली में जहां उसने शतक बनाया, वहीं कानपुर के घटिया विकेट पर उसने जिम्मेदारी से परिपूर्ण 48 रन बनाए। सिर्फ क्रिकेट के मैदान में ही नहीं, यह शख्स मैदान के बाहर भी अपने जलवे बिखेर रहा है। यह शख्स टी.वी. के विज्ञापनों पर भी दिन-ब-दिन छाता जा रहा है। हां, शादीशुदा होने के बाद भी लड़कियों के दिलों पर अभी भी इसी की हुकूमत दिखती है।

1999 में इंग्लैंड की मशहूर क्रिकेट पत्रिका विस्डन क्रिकेट मंथली ने दुनिया के सेक्सी क्रिकेटरों की एक सूची प्रकाशित की थी। इस सूची में भारत के भी दो कामदेव थे, जिनमें पहले नंबर पर अजय जड़ेजा थे, तो दूसरे नंबर पर थे राहुल द्रविड़। विजडन में साफ शब्दों में यह लिखा था-'मिस्टर वाल, मिस्टर रिलायबल के नामों से मशहूर इस शख्स (राहुल) में बच्चों सी मासूमियत तो है ही साथ ही महिलाओं के बीच भी काफी पॉपुलर है।'

राहुल की शान में ये जो कसीदे पढ़े जा रहे हैं, यह सब 1999 का ही कमाल है। वरना 1998 तक तो राहुल मियां को एकदिवसीय क्रिकेट के लायक भी नहीं समझा गया था। लेकिन 99 के शुरुआत के साथ ही उसने जो धमाल दिखाया, उसे देख कर सब के सब हतप्रभ हैं। सातवें विश्व कप में तो उसके बल्ले का प्रचंड प्रहार देखने लायक था।

जहां तक रिकार्डों की बात है, तो वह साल राहुल के लिए बहुत ही भाग्यशाली साबित रहा था। चाहे एक दिवसीय मैच हो, या फिर टेस्ट मैच-हर जगह उसका बल्ला तूफान मचाए रहा। मोहाली टेस्ट मैच तक उसने इस साल कुछ छह टेस्ट मैचों में कुल 707 रन बना चुका था, जिसमें चार शतक थे। मोहाली में जो उसने शतक बनाया है, दरअसल, वह भारत में राहुल द्वारा बनाया गया पहला टेस्ट शतक था।

सन् 1999 की शुरुआत ही राहुल ने बड़े धुआंधार तरीके से की थी। हैमिल्टन (न्यूजीलैंड) में शृंखला के अंतिम टेस्ट मैच में राहुल ने दोनों पारियों में शतक बनाए थे। पहली पारी में 190 तथा दूसरी पारी में 103 नॉट आउट रनों ने उसी वक्त यह एहसास करवा दिया था कि इस वर्ष क्या कुछ कर सकते हैं द्रविड़। हैमिल्टन टेस्ट 2 जनवरी से शुरू हुआ था। उसके ठीक बाद भारत के दौरे पर आ गई पाकिस्तान की टीम।

28 जनवरी से चेन्नई में खेले गए पहले टेस्ट मैच में राहुल ने 53 और 10 रन बनाए, तो फिरोजशाह कोटला में उसके नाम के आगे अंकित थे-33 और 28 रन।

फिर शुरू हुआ एशियन टेस्ट चैंपियनशिप का मुकाबला। कलकत्ता में पाकिस्तान के खिलाफ राहुल द्रविड़ ने बनाए 24 और 13 रन, तो कोलंबो में श्रीलंका के खिलाफ उसने फिर शतक (107 रन) ठोक दिए। उसके बाद मोहाली टेस्ट में उतरा, तो फिर शतक ठोक दिया। यानी मैच दर मैच वह लगातार तरक्की करता चला गया। मोहाली टेस्ट तक उसने 70.70 रन प्रति पारी के औसत से 707 रन बनाए सन् 1999 में।

अब एक नजर उस साल की एक दिवसीय क्रिकेट में जहां पर वह इन दिनों कुछ ज्यादा ही धमाल मचाए रहा। न्यूजीलैंड के खिलाफ एक दिवसीय सीरीज शुरू होने से पहले तक उसने उस वर्ष 38 एकदिवसीय मैच खेले थे, जिसमें उसने कुल 1521 रन बनाए थे। इन 38 एकदिवसीय मैचों में उसने पांच शतक भी बनाए थे और आठ अर्द्धशतक भी।

वैसे भी राहुल द्रविड़ जो चाहता है, उसे पूरा जरूर कर लेता है। वरना ये वही राहुल द्रविड़ ही तो है, जिसे एकदिवसीय क्रिकेट के लिए पूरी तरह से खारिज कर दिया गया था और यह वही राहुल द्रविड़ है, जिसने एकदिवसीय क्रिकेट में फिट बैठने के लिए जबरदस्त मेहनत की और न सिर्फ वह भारत की एकदिवसीय टीम में आसानी से आ गया, बल्कि सातवें विश्व कप में भी उसने अपने नाम का डंका बजवा दिया। विश्व कप में सबसे ज्यादा रन (461)

राहुल ने ही बनाए।

दक्षिण अफ्रीका के खिलाफ होव में 54 रन, जिम्बाव्वे के खिलाफ लीसेस्टर में 13, फिर केन्या के खिलाफ 104 नॉट आउट श्रीलंका के खिलाफ 145 और गांगुली के साथ 318 रनों की साझेदारी वाला विश्व रिकार्ड फिर पाकिस्तान के खिलाफ सुपर सिक्स मुकाबले में बेहतरीन 61 रन ये कुछेक ऐसी पारियां हैं विश्व की, जिसमें राहुल का सिक्का जमकर चला है।

विश्व कप में सिर्फ बल्ले से ही नहीं, बल्कि विकेट कीपिंग के क्षेत्र में भी द्रविड़ ने कमाल किया, क्योंकि नयन मोंगिया उन दिनों चोटिल हो गया था, लिहाजा इस अतिरिक्त जिम्मेदारी का निर्वाह भी द्रविड़ ने ही किया था। एक तरफ रन बना रहा था, तो दूसरी तरफ विकेट के पीछे खड़ा होकर वह रन बचा भी रहा था। कुल मिलाकर हम यह भी कह सकते हैं कि सातवां विश्व कप द्रविड़ के लिए काफी लकी रहा। हर लिहाज से सात के इस अंक ने राहुल का साथ निभाया है। यह सातवें विश्व कप का ही तो कमाल था कि राहुल उसके बाद से इतना लोकप्रिय हो गया कि उसे हर चैनल उसके टी.वी. विज्ञापनों से भरे पड़े रहे।

यह तो इस बात से समझा जा सकता है कि वह इन दिनों कितनी मेहनत कर रहा था। मैच खेले, प्रैक्टिस करे, घर पर भी रहे, टी. वी. विज्ञापनों के लिए वक्त निकाले, दोस्तों के लिए वक्त निकाले। ये सब वह फेहरिस्त हैं, जिसे देख कर कोई भी यह कह सकते है कि राहुल इन दिनों मेहनत कर रहा है कि वह और ऊपर जा सके और आगे बढ़ सके और अपना भविष्य चमका सके, बस।

इंदौर में जन्मे राहुल द्रविड़ के लिए क्रिकेट की शुरुआत बंगलौर में हुई। वह और उसका भाई विजय दोनों बचपन से ही क्रिकेट खेलते आ रहे हैं। बंगलौर में उसने सही मायने में क्रिकेट का खेल सीखा। बंगलौर यूनाइटेड क्रिकेट क्लब में। यह वही क्लब है जिसने भारत को गुंडप्पा विश्वनाथ, ई.ए. एस. प्रसन्ना, रोजर बिन्नी और सदानंद विश्वनाथ जैसे क्रिकेटर दिए हैं। मुंबई दिल्ली और चेन्नई के बाद अगर क्रिकेट का कहीं सबसे अच्छा ढांचा है तो वह है बंगलौर शहर। क्रिकेट के इस अच्छे माहौल की वजह से राहुल द्रविड़ को केकी तारपोर जैसे मशहूर कोच से कोचिंग हासिल करने का मौका मिला। राहुल द्रविड़ ने कर्नाटक के लिए घरेलू क्रिकेट में लगातार रन बनाए और पहली बार वह भारत की टीम में आने का दावेदार 1996 के विश्व कप के समय बना था। उस समय गुंडप्पा विश्वनाथ ही राहुल द्रविड़ के भारत की टीम में चयन न होने के जिम्मेदार थे। वे बचपन से राहुल को देख रहे थे और जानते

थे कि राहुल द्रविड़ किस तरह का बल्लेबाज है और ऐसे तनाव में उसे भारत की टीम में लाना कतई सही नहीं होगा। विश्व कप के फौरन बाद सिंगापुर में सिंगर कप के लिए भारत की टीम में राहुल द्रविड़ को चुन लिया गया।

राहुल द्रविड़ के क्रिकेट ग्राफ को ऊपर उठता देख, देखने वालों को एकदिवसीय मैचों में नहीं बल्कि टेस्ट मैचों में राहुल द्रविड़ की असली बल्लेबाजी देखने का इंतजार है।

1996 के इंग्लैंड दौरे के लिए राहुल द्रविड़ को भारत की टीम में चुना गया। हालांकि यह मालूम था कि अगर सभी प्रमुख खिलाड़ी अपनी सही फार्म के हिसाब से खेलते रहे तो राहुल द्रविड़ के लिए भारत की टेस्ट टीम में खेलना मुश्किल होगा। नवजोत सिंह सिद्धू की विवादास्पद गैर मौजूदगी ने भला किया सौरव गांगुली का और जब संजय मांजरेकर की घुटने की चोट लार्ड्स के दूसरे टेस्ट मैच में भी ठीक न हुई तो मौका मिला राहुल द्रविड़ को। यह मौका तो संयोग से मिला था लेकिन उसके बाद राहुल द्रविड़ ने पीछे मुड़कर नहीं देखा। यह उसका दुर्भाग्य ही था कि वह सौरव गांगुली के साथ मिलकर अपने पहले टेस्ट मैच में शतक का रिकार्ड न बना सका। लार्ड्स में राहुल और गांगुली ने अपना-अपना टेस्ट जीवन शुरू किया। गांगुली ने शतक बनाया जबकि राहुल द्रविड़ 95 रन बनाकर आउट हुआ। अगर राहुल द्रविड़ भी शतक बना लेता तो यह टेस्ट क्रिकेट के इतिहास का एक ही टेस्ट में दो बल्लेबाजों के अपने पहले टेस्ट में शतक का पहला उदाहरण होता। राहुल द्रविड़ ने ट्रेंट ब्रिज के अगले टेस्ट में भी 84 रन बनाए जबकि दूसरी तरफ गांगुली ने एक और शतक बना दिया। सुनील गावस्कर और गुंडप्पा विश्वनाथ का टेस्ट जीवन भी लगभग साथ-साथ ही शुरू हुआ था।

विश्वनाथ 1969-70 के कानपुर टेस्ट में आस्ट्रेलिया के खिलाफ खेले थे तो गावस्कर ने 1971 के शुरू में पोर्ट ऑफ स्पेन में अपना टेस्ट जीवन आरंभ किया था। गावस्कर और विश्वनाथ के क्रिकेट जीवन के दौरान लगातार यह चर्चा चलती रही कि दोनों में से बेहतर बल्लेबाज कौन सा है, और आज यही चर्चा राहुल और गांगुली के साथ है। भारतीय क्रिकेट के लिए इससे अच्छी बात और कोई नहीं हो सकती कि जिस तरह से गावस्कर और विश्वनाथ ने अपनी-अपनी बल्लेबाजी को बेहतर बनाकर भारत की टीम को फायदा पहुंचाया उसी तरह से गांगुली और द्रविड़ भारत की बल्लेबाजी की रीढ़ की हड्डी बने हुए हैं।

राहुल द्रविड़ की हाल की बल्लेबाजी यह साबित कर चुकी है कि वह

भारत के महान बल्लेबाजों की परंपरा का एक बल्लेबाज है। अगर टेस्ट मैच की दोनों पारियों में शतक बनाने के लिए उसका नाम विजय हजारे और सुनील गावस्कर जैसे बल्लेबाजों के नाम के साथ जुड़ा है तो वह वास्तव में इस सम्मान का हकदार है। वह इस बात को मानता है कि उसने सचिन तेंदुलकर जैसी बल्लेबाजी करने की कोशिश नहीं की, क्योंकि सचिन तेंदुलकर का कोई जवाब ही नहीं है। हां, अपने क्रिकेट जीवन में द्रविड़ ने जो हासिल किया है वह उससे संतुष्ट है और यहां तक कि चयनकर्त्ताओं द्वारा उसे भारत की टीम से बार-बार निकाले जाने के बावजूद उसने कोई शिकायत नहीं की।

कुल मिलाकर यह भी कहा जा सकता है कि आज राहुल द्रविड़ जिस मुकाम तक पहुंचा है, उसके लिए उसने बड़ी तगड़ी मेहनत की है। यह संघर्ष, मेहनत और लगन का ही नतीजा है कि द्रविड़ इतना लोकप्रिय भी हो गया है। ऐसे में यदि उसका भाग्य साथ दे रहा है, तो गलत क्या है?

राहुल द्रविड़ के कैरियर की सबसे खास बात यह है कि उनका टेंपरामेंट काफी कूल है और वह जो भी काम करते हैं या जो भी शॉट खेलते हैं, वह भी काफी सोच समझ कर खेलते है। न कोई हड़बड़ी और न ही कोई जल्दबाजी। इन्हीं सब बातों का ही तो यह नतीजा निकल रहा है कि सन् 2004 के अंत तक वह 86 टेस्ट मैच में कुल 18 शतक जमा चुके हैं। यानी अभी भी वह तमाम शतक और बनायेंगे। कितने? पता नहीं। यह तो समय ही बताएगा या खुद राहुल। है कि नहीं।

भारत और विदेश में एक समान रूप से अपने बल्ले का जौहर दिखाने वाले राहुल द्रविड़ ने बांग्लादेश के खिलाफ चटगांव में खेले गए दूसरे टेस्ट में शानदार 160 रन बना टेस्ट खेलने वाले सभी दस देशों में शतक बनाने वाले पहले बल्लेबाज होने का गौरव हासिल किया है। द्रविड़ के ये 160 रन-बांग्लादेश के खिलाफ उनका पहला शतक और कुल मिलाकर 18वाँ शतक था। द्रविड़ यह शतक बनाने के बाद हर देश के खिलाफ शतक बनाने वाले चौथे बल्लेबाज भी बने। उनके अलावा द. अफ्रीका के गैरी कर्स्टेन, ऑस्ट्रेलिया के स्टीव वॉ और भारतीय मास्टर ब्लास्टर सचिन तेंदुलकर ने भी टेस्ट खेलने वाले सभी देशों के खिलाफ शतक जमाए हैं, लेकिन इन तीनों बल्लेबाजों ने सभी दस देशों में शतक नहीं जमाए हैं।

बांग्लादेश के खिलाफ अपने पहले शतक से द्रविड़ भारत की तरफ से सर्वाधिक शतक लगाने वाले बल्ल्बाजों की सूची में चौथे स्थान पर पहुँच गए हैं। उन्होंने दिलीप वेंगसरकर को पीछे छोड़ा है, जिन्होंने 116 टेस्ट में 17 शतक

बनाए थे। उनसे अधिक शतक सुनील गावस्कर और तेंदुलकर (दोनों 34 शतक) तथा मोहम्मद अजहरुद्दीन (22 शतक) ने बनाए हैं।

इंग्लैंड के खिलाफ लॉर्ड्स टेस्ट में पदार्पण करने वाले राहुल द्रविड़ ने अपना पहला शतक दक्षिण अफ्रीका के खिलाफ जोहांसबर्ग में लगाया था। भारत में उन्होंने अपना पहला शतक न्यूजीलैंड के खिलाफ मोहाली में 1999-2000 में बनाया था।

टेस्ट क्रिकेट में द्रविड़ का सबसे ज्यादा स्कोर 270 है, जो उन्होंने पाकिस्तान के खिलाफ 2003-04 में रावलपिंडी में खेले गए टेस्ट में 34 चौकों और एक छक्के की मदद से बनाया था। भारत में उनका सबसे ज्यादा स्कोर 222 है, जो उन्होंने न्यूजीलैंड के खिलाफ 2003-04 में अहमदाबाद में 28 चौकों और एक छक्के की मदद से बनाया था।

द्रविड़ का प्रदर्शन भारत में खेले गए मैचों के मुकाबले विदेश में अच्छा रहा है। भारत में 39 टेस्ट में द्रविड़ ने 50.16 रन प्रति पारी के हिसाब से रन बनाए हैं। जबकि भारत से बाहर 47 टेस्ट में वे 64.01 के औसत से रन बनाने में सफल रहे हैं। द्रविड़ ने अभी तक जो 18 शतक बनाए हैं उसमें से सात शतक भारत के काम आए हैं यानी भारत को इन मैचों में जीत मिली है।

दाएँ हाथ से मध्यक्रम में बल्लेबाजी करने वाले द्रविड़ ने अभी तक पाँच दोहरे शतक ठोंके हैं, जो एक भारतीय रिकार्ड है। टेस्ट क्रिकेट में पाँच या इससे अधिक दोहरे शतक जमाने वाले द्रविड़ विश्व के छठे बल्लेबाज हैं। ऑस्ट्रेलिया के महान क्रिकेटर सर डान ब्रेडमैन 12 दोहरे शतकों के साथ चोटी पर हैं।

स्टीव वॉ ने 168 टेस्ट मैचों में 32 शतक बनाए हैं। वे इंग्लैंड के खिलाफ दस, वेस्टइंडीज के खिलाफ सात, पाकिस्तान और श्रीलंका के खिलाफ तीन-तीन, बांग्लादेश, भारत, न्यूजीलैंड, द. अफ्रीका के खिलाफ दो-दो और जिम्बाव्वे के खिलाफ एक शतक बनाया है। स्टीव वॉ ने बांग्लादेश और श्रीलंका की धरती के अलावा हर देश में शतक लगाया है।

गैरी कर्स्टेन ने 101 टेस्ट मैचों में 21 शतक बनाए हैं। वे इंग्लैंड के खिलाफ पाँच, वेस्टइंडीज और भारत के खिलाफ तीन-तीन बांग्लादेश, पाकिस्तान, न्यूजीलैंड और ऑस्ट्रेलिया के खिलाफ दो-दो और श्रीलंका व जिम्बाव्वे के खिलाफ एक-एक शतक स्कोर किया है। कर्स्टेन ने बांग्लादेश और श्रीलंका के अलावा हर देश में शतक बनाया है।

उन्होंने बांग्लादेश में कोई टेस्ट नहीं खेला है जबकि श्रीलंका में उनका

सबसे बड़ा स्कोर 55 रहा।

सचिन तेंदुलकर ने भी सभी देशों के खिलाफ शतक लगाए हैं पर वे सभी देशों में शतक नहीं लगा सके हैं। सचिन का जिम्बाव्वे में सबसे ज्यादा स्कोर 74 है। एक यही देश है, जहाँ उन्होंने अभी तक कोई शतक नहीं लगाया है। उन्होंने अभी तक 120 टेस्ट में 34 शतक लगाए हैं। उन्होंने ऑस्ट्रेलिया के खिलाफ सात, इंग्लैंड और श्रीलंका के खिलाफ 6-6, दक्षिण अफ्रीका, वेस्टइंडीज, न्यूजीलैंड और जिम्बाव्वे के खिलाफ तीन-तीन पाकिस्तान के खिलाफ दो और बांग्लादेश के खिलाफ एक शतक बनाया है।

आई. सी. सी. का पहला अवार्ड

भारतीय क्रिकेट टीम के आधार स्तंभ, मिस्टर कूल, मिस्टर डिपेंडेबल, श्रीमान ठोस और पता नहीं कितने नामों से पुकारे जाने वाले राहुल द्रविड़ को पिछले साल अंतर्राष्ट्रीय क्रिकेट परिषद (आई सी सी) ने जब प्लेयर ऑफ द ईयर नामक प्रतिष्ठित पुरस्कार से नवाजा तो पूरी दुनिया के क्रिकेट प्रेमियों ने उनका इस्तकबाल किया और उनकी बैटिंग क्षमताओं की जमकर तारीफ की। इन पुरस्कारों को आई सी सी ऑस्कर अवार्ड का भी नाम दिया गया। 1 अगस्त 2003 से 31 जुलाई 2004 के बीच खेली गई क्रिकेट को ही इन पुरस्कारों का आधार बनाया गया। जिसमें टेस्ट क्रिकेट का पुरस्कार राहुल द्रविड़ को और एक दिवसीय क्रिकेट का पुरस्कार इंग्लैंड के आलराउंडर एंड्रयू फ्लिंटाफ को प्रदान किया गया।

राहुल द्रविड़ ने इन निर्धारित दिनों में वैसे भी बहुत ही शानदार क्रिकेट खेली थी। न्यूजीलैंड के खिलाफ अहमदाबाद टेस्ट मैच में उन्होंने 222 और 73 रन। चंडीगढ़ टेस्ट में 13 और तीन रन बनाये थे। उसके बाद भारतीय टीम ने ऑस्ट्रेलिया का दौरा किया था वहां ब्रिस्बेन टेस्ट में उसने 1 और 43 (नॉट आउट)। एडीलेड में 233 और 72 (नॉट आउट)। मेलबोर्न में 49 और 92 रन तथा सिडनी में राहुल द्रविड़ के स्कोर रहे थे 38 और 91 रन (नॉट आउट)।

ऑस्ट्रेलिया से लौटने के बाद राहुल पाकिस्तान के दौरे पर चले गए थे। वहां पर भी उनका बल्ला जम कर चला था। मुल्तान में वह सिर्फ छह रन तथा लाहौर में 33 तथा शून्य उनके नाम के दर्ज हो गए थे, पर रावलपिंडी में जो पारी खेलने थी उन्होंने, वही पारी उस सीरीज की सबसे अच्छी और निर्णायक पारी साबित हुई थी। उस पारी में राहुल जी ने 270 रन बनाये थे। ये 270 रन ही उनके कैरियर का सर्वश्रेष्ठ स्कोर भी रहा था। आई सी सी ने जिस समयावधि के लिए ये मानक निर्धारित किये थे उसमें राहुल द्रविड़ ने कुल नौ टेस्ट मैच खेले थे। 16 पारियां, तीन में वह नॉट आउट रहे थे और कुल 12 सौ 41 रन बनाये थे। उनका सर्वश्रेष्ठ स्कोर रहा था 270 रन। तीन शतक (जिसमें सभी दोहरे शतक थे) और चार पचासे भी थे। उनका औसत रहा था 95.46 रन प्रति पारी।

वैसे भी राहुल द्रविड़ इन दिनों धुआंधार रेकॉर्ड बनाने में मस्त हैं और व्यस्त भी। अब तक वह पांच दोहरे शतक सहित जहां 18 शतक जमा चुके हैं वहीं विदेशी धरती के महानायक के पद पर उन्हें बिठा दिया गया है। श्रीमान ने पिछले दिनों चटगांव में शतक जमा कर सभी देशों के खिलाफ एवं सभी टेस्ट खेलने वाले देशों की सरजमी पर भी शतक जमाने का रिकॉर्ड बना डाला। यह अद्‌भुत रिकॉर्ड बनाने वाले वह एकमात्र क्रिकेटर हैं।

वैसे भी लंदन में जो प्लेयर ऑफ द ईयर का पुरस्कार दिया गया, वह भी कम प्रतिष्ठित नहीं है। उनके मुकाबले पर मैथ्यू हेडेन और जैक कैलिस थे। पर हमेशा की तरह राहुल द्रविड़ फिर उन पर भारी पड़े।

क्रिकेट के ऑस्कर माने जा रहे पहले आई सी सी पुरस्कार में भारत के भरोसेमंद बल्लेबाज राहुल द्रविड़ ही छाए रहे, जिन्होंने विश्व क्रिकेट का सर्वोच्च पुरस्कार वर्ष का सर्वश्रेष्ठ खिलाड़ी समेत तीन पुरस्कार अपनी झोली में डाले। एलेक्जांद्रा पैलेस में हुए पुरस्कार समारोह में द्रविड़ को सर्वश्रेष्ठ टेस्ट खिलाड़ी भी चुना गया। इसके अलावा उन्हें आई सी सी की टेस्ट टीम में भी स्थान मिला।

भारतीय तेज गेंदबाजी की नई सनसनी इरफान पठान को वर्ष का उभरता सितारा चुना गया। इसके अलावा मास्टर ब्लास्टर सचिन तेंदुलकर और वीरेंद्र सहवाग को वन-डे टीम में जगह मिली, जिससे भारतीय टीम का जादू इस समारोह में सिर चढ़कर बोला। तमाम सितारों की मौजूदगी के बावजूद यह समारोह किसी मायने में ऑस्कर या बॉलीवुड पुरस्कार समारोहों की तरह नहीं था। इसमें न तो वैसी भव्यता दिखी और ना ही चकाचौंध। इंग्लैड के हरफनमौला एंड्रयू फ्लिंटॉफ को वर्ष का सर्वश्रेष्ठ एक दिनी खिलाड़ी चुना गया। जबकि न्यूजीलैंड टीम को 'स्पिरिट ऑफ क्रिकेट' पुरस्कार दिया गया। आस्ट्रेलिया के साइमन टाफेल को सर्वश्रेष्ठ अंपायर चुना गया।

पुरस्कार पाकर अभिभूत द्रविड़ ने कहा कि इससे उन्हें और "अच्छा प्रदर्शन करने की प्रेरणा मिलेगी। अच्छे प्रदर्शन का सरोकार फिटनेस से होता है। मैं अपने खेल को लेकर पहले से निश्चिंत हूं और अधिक सहज भी। लेकिन अभी बहुत कुछ हासिल करना है और मैं बहुत कुछ कर सकता हूं।" क्रिकेटरों के संघ फिका और हुंडई द्वारा दिए गए इन पुरस्कारों का चयन पिछले 12 महीने में खिंलाड़ियों के प्रदर्शन के आधार पर किया गया। द्रविड़ की सर्वश्रेष्ठ खिलाड़ी की सर गारफील्ड सोबर्स ट्राफी के लिए 64 वोट मिले। फ्लिटॉफ और दक्षिण अफ्रीका के हरफनमौला जैक कालिस को 44-44 वोट हासिल हुए।

आस्ट्रेलियाई बल्लेबाज मैथ्यू हेडन को 38 वोट मिले। सर्वश्रेष्ठ टेस्ट खिलाड़ी के पुरस्कार के लिए द्रविड़ ने 82 वोट हासिल किए। जबकि, हेडन को 53 इंग्लैंड के तेज गेंदबाज स्टीव हार्मिसन को 38 और श्रीलंकाई आफ स्पिनर मुथैया मुरलीधरन को 30 वोट मिले।

चयन की कसौटी यानी एक अगस्त 2003 से 31 जुलाई 2004 के बीच द्रविड़ ने नौ टेस्ट में 95.46 की औसत से तीन शतक समेत 1241 रन बनाए। पठान को उभरता सितारा पुरस्कार के लिए सौ वोट मिले। पाकिस्तान के यासिर हामिद (75) दूसरे और आस्ट्रेलिया के माइकल क्लॉर्क (45) तीसरे स्थान पर रहे। पाकिस्तानी युवा उमर गुल को 21 वोट मिले। मतदान अवधि में पठान ने पांच टेस्ट में 38 की औसत से 16 विकेट लिए। जबकि, उन्होंने 18 वन-डे खेलकर 23.19 की औसत से 36 विकेट चटकाए।

द्रविड़ ने मजाकिया लहजे में कहा कि जिस तरह से भारतीय टीम पिछले कुछ सप्ताह में खेल रही है, इन पुरस्कारों के बाद भारत में शायद लोग क्रिकेटरों के पुतले नहीं जलाएंगे। भारत की दीवार कहे जाने वाले मध्यक्रम के इस बल्लेबाज ने एडिलेड में आस्ट्रेलिया के खिलाफ दोहरे शतक को पिछले सत्र में अपनी सबसे महत्वपूर्ण पारी बताया। पुरस्कार के लिए मतदान समिति में आईसीसी के दस पूर्णकालिक सदस्य देशों के कप्तान आईसीसी एलीट अंपायर पैनल के आठ सदस्य रेफरियों की एलीट पैनल के सात सदस्य और 25 पूर्व क्रिकेटर तथा पत्रकार शामिल थे। उधर उन्नीस वर्षीय पठान ने कहा भारतीय टीम के लिए अच्छा खेलना ही उनकी प्रेरणा है और इस पुरस्कार से बेहतर प्रदर्शन की उनकी ललक बढ़ेगी। उन्होंने कहा कि भारत के लिए खेलना मेरे जीवन का सबसे बड़ा क्षण था। यह मेरा पहला पुरस्कार है और मेरे लिए विशेष रहेगा। रिकार्ड मास्टर तेंदुलकर और वीरेन्द्र सहवाग को एकदिनी टीम में जगह मिली लेकिन तेंदुलकर का टेस्ट टीम में नहीं होना आश्चर्य की बात रही। एकदिनी टीम की वोटिंग में तेंदुलकर 47 वोट लेकर फ्लिंटॉफ से पीछे रहे। आस्ट्रेलिया के एडम गिलक्रिस्ट और रिकी पोंटिंग को 36-36 वोट मिले। फ्लिंटॉफ ने 12 वनडे मैचों में 20.50 की औसत से 12 विकेट लिए और 78. 71 की औसत से 551 रन बनाए। दक्षिण अफ्रीका के जैक कैलिस ने वन-डे और टेस्ट दोनों टीमों में जगह बनाई। एकदिनी टीम में ब्रायन लारा (वेस्टइंडीज), चमिंडा वास (श्रीलंका) और जैसन गिलेस्पी (आस्ट्रेलिया) ने भी जगह बनाई। लारा को कोई व्यक्तिगत पुरस्कार नहीं मिला। हालांकि उन्होंने टेस्ट में 400 रन का विश्व रिकार्ड कायम किया है। इसके बावजूद लारा को कोई शिकायत नहीं

है और उन्होंने कहा कि मैंने पिछले एक साल में द्रविड़ का प्रदर्शन देखा है और वह ही इस पुरस्कार का सही हकदार था। जैक कालिस ने कहा आजकल इतना अधिक क्रिकेट खेला जा रहा है कि हरफन–मौला खिलाड़ी पर काफी दबाव बन जाता है। उन्हें टेस्ट और एकदिनी दोनों में दोहरी भूमिका निभानी पड़ती है।

राहुल के लिए उपलब्धियां हासिल करने का दौर यही नहीं थमा। वह आईसीसी द्वारा घोषित की गई टेस्ट टीम में जगह पाने वाले एकमात्र भारतीय खिलाड़ी भी बने जबकि सचिन तेंदुलकर और वीरेंद्र सहवाग को वनडे टीम में शामिल किया गया। लंदन में हुए एक आलीशान समारोह में यह खिताब हासिल करने के बाद द्रविड़ ने कहा कि उनके लिए यह अविश्वसनीय है। 'प्लेयर ऑफ द ईयर' के रूप में उन्हें सर गैरी सोबर्स ट्राफी से नवाजा गया। आईसीसी ने एक अगस्त 2003 से 31 जुलाई 2004 तक अंतर्राष्ट्रीय क्रिकेट में खिलाड़ियों के प्रदर्शन का आकलन करने के बाद पुरस्कारों की घोषणा की। पुरस्कारों का प्रायोजन कार निर्माता कंपनी हुंडाई ने किया था। द्रविड़ को इनामस्वरूप एक हुंडाई कार भी मिली।

द्रविड़ को इस सम्मान के लिए 50 पूर्व क्रिकेटरों, राष्ट्रीय कप्तानों, अंपायरों और रेफरियों की समिति ने चुना। उन्होंने यह अवार्ड गैरी सोबर्स की गैरमौजूदगी में महान भारतीय खिलाड़ी सुनील गावस्कर के हाथों से ग्रहण किया। इस अवधि के दौरान राहुल ने नौ टेस्ट मैचों में 95.46 की उम्दा औसत से 1241 रन बनाए। इसमें पाकिस्तान के खिलाफ रावलपिंडी टेस्ट मैच में 270 रन की पारी भी शामिल है। भारत यह मैच 131 रन से जीता था। द्रविड़ को इस सम्मान के लिए 64 वोट मिले जबकि एंड्रयू फ्लिटॉफ और जाक कालिस को 44 वोट पड़े। हालांकि प्रदर्शन के आधार पर फ्लिंटॉफ को दूसरा और कालिस को तीसरा स्थान मिला। 38 वोट पाने वाले मैथ्यू हेडन चौथे स्थान पर रहे।

राहुल द्रविड़ के अलावा युवा तेज गेंदबाज इरफान पठान भी अपने बेहतरीन खेल की बदौलत आईसीसी का अवार्ड हासिल करने में सफल रहे। पठान को साल का सबसे बेहतरीन उभरता हुआ खिलाड़ी चुना गया। 19 साल के पठान ने क्रिकेट जगत की कई नायाब प्रतिभाओं को पीछे छोड़कर यह सम्मान पाया। आईसीसी द्वारा गिने गए बारह मास के दौरान पठान का प्रदर्शन शानदार रहा। उन्होंने पांच मैचों में 38 की औसत से 16 विकेट हासिल किए। जबकि वनडे में 23.19 की औसत से उनके हाथ 36 विकेट लगे।

यह उपलब्धि हासिल करने के बाद पठान ने कहा कि उसके परिवारवालों, दोस्तों और प्रशिक्षकों ने कैरियर में हर कदम पर उनका पूरा साथ दिया। सभी ने उनकी मदद की है और वह उन सभी लोगों का शुक्रिया अदा करना चाहते हैं। यह पुरस्कार पठान को दिए जाने के हक में 100 वोट मिले। उन्होंने पाकिस्तान के यासिर हमीद (75 वोट) को दूसरे स्थान पर छोड़ा जबकि आस्ट्रेलिया के माइकल क्लार्क 45 से तीसरे और पाकिस्तान के उमर गुल को 21 वोट के साथ चौथे स्थान पर संतोष करना पड़ा।

इंग्लैंड के 26 वर्षीय हरफनमौला खिलाड़ी एंड्रयू फ्लिंटॉफ को साल का वनडे मैचों का बेहतरीन खिलाड़ी चुना गया। रिकी पोंटिंग, सचिन तेंदुलकर और एडम गिलक्रिस्ट जैसे महारथियों को पछाड़ कर यह अवार्ड हासिल करने वाले फ्लिंटॉफ ने कहा कि उन्हें यह खिताब दिया जा रहा हैं यह यकीन नहीं होता। दो दिन पहले पिता बने फ्लिंटांफ ने कहा वह चिकोटी काट कर खुद को यकीन दिला रहे हैं यह सप्ताह उनके लिए सचमुच खास रहा।

पोंटिंग को एकदिवसीय और टेस्ट मैचों दोनों में विश्व एकादश का कप्तान चुना गया। आस्ट्रेलिया को कोई व्यक्तिगत अवार्ड तो नहीं मिला लेकिन टेस्ट टीम में उसके पांच और वन-डे टीम में तीन खिलाड़ी चुने गए। सर्वश्रेष्ठ अंपायर का खिताब साइमन टाफेल के खाते में गया। सर्वश्रेष्ठ खेल भावना का सम्मान न्यूजीलैंड की टीम के खाते में गया।

अंतरर्राष्ट्रीय क्रिकेट परिषद (आईसीसी) द्वारा सर्वश्रेष्ठ क्रिकेटर चुने गए उप-कप्तान राहुल द्रविड़ के पांव विश्व क्रिकेट का सर्वोच्च क्रिकेट पुरस्कार मिलने के बाद भी जमीन पर है और टीम के लिए एक से अधिक जिम्मेदारियां निभाने को तैयार हैं। आईसीसी सर्वश्रेष्ठ क्रिकेटर और सर्वश्रेष्ठ टेस्ट क्रिकेटर चुने गए द्रविड़ ने कहा कि मैं पुरस्कार पाकर अभिभूत हूं लेकिन कामयाबी के नशे में चूर नहीं। मुझे अभी बहत कुछ करना है। पिछले तीन साल से एकदिनी क्रिकेट में बल्लेबाजी के अलावा विकेट कीपिंग की भी जिम्मेदारी सम्भाल रहे इस भरोसेमंद खिलाड़ी ने कहा कि वह टीम प्रबंधन के हर निर्देश पर अमल करने के लिए तैयार हैं चाहे शारीरिक रूप से यह कभी कभार थकाऊ ही क्यों न हो जाए। उन्होंने कहा कि मैं टीम प्रबंधन का हर फैसला मानने को तैयार हूं। दूसरे यह तय नहीं कर सकते कि मुझे यह पसंद है या नहीं। इससे शारीरिक रूप से अधिक प्रयास की जरूरत तो होती है लेकिन बेहतर फिटनेस के साथ अब मुझे इसमें कोई परेशानी नहीं हैं। श्रीलंका की तुलना में इन हालात में दोहरी जिम्मेदारी संभालना मुश्किल नहीं। श्रीलंका में तो काफी गर्म मौसम था।

द्रविड़ ने कहा कि वह फटाफट क्रिकेट में बल्लेबाजी और विकेट-कीपिंग कर समान रूप से ध्यान केंद्रित कर पा रहे हैं। विकेट कीपिंग पर मैं जितनी मेहनत कर रहा हूं उससे संतुष्ट हूं।

वैसे भी राहुल द्रविड़ ने लंबे समय तक क्रीज पर रहने की अपनी क्षमता एक बार फिर दिखाई थी और बेहतरीन नमूना पेश करते हुए पाकिस्तान के खिलाफ रावलपिंडी में खेले गए मैच के दौरान पांच बार 200 रन की संख्या को पार करने वाले पहले भारतीय बनने का गौरव हासिल किया था। द्रविड़ ने तीसरे क्रिकेट टेस्ट मैच के तीसरे दिन लेग स्पिनर दानिश कनेरिया की गेंद पर एक रन लेकर दोहरा शतक पूरा किया। इसके लिए उन्होंने 424 गेंद खेली, 27 चौके लगाए और दस घंटे 50 मिनट क्रीज पर बिताए। गावस्कर ने जहां 125 टेस्ट मैचों की 214 पारियों में चार दोहरे शतक बनाए हैं वही द्रविड़ अपने 78वें टेस्ट की 134 पारियों में पाचवां दोहरा शतक बनाकर गावस्कर से आगे निकल गए। भारत की तरफ से सर्वाधिक दोहरे शतक लगाने का रिकार्ड इससे पहले द्रविड़ और सुनील गावस्कर के नाम पर संयुक्त रूप से था, लेकिन अब द्रविड़ अकेले ही चोटी पर पहुंच गए हैं। द्रविड़ का पिछले छह महीने में यह तीसरा दोहरा शतक है और इतने कम समय में तीन दोहरे शतक जड़ने वाले वह पहले भारतीय हैं। द्रविड़ पाकिस्तान के खिलाफ दोहरा शतक जमाने वाले चौथे भारतीय बल्लेबाज है। उनसे पहले वीरेंद्र सहवाग, संजय मांजरेकर और अंशुमान गायकवाड़ पाकिस्तान के खिलाफ दोहरा शतक बना चुके हैं। सहवाग इसी श्रृंखला में मुल्तान में 309 रन बनाकर तिहरा शतक जमाने वाले पहले भारतीय बने थे। टेस्ट क्रिकेट में पांच या इससे अधिक दोहरे शतक जमाने वाले द्रविड़ विश्व के छठे बल्लेबाज हैं।

आस्ट्रेलिया के महान क्रिकेटर सर डॉन ब्रेडमैन 12 दोहरे शतक के साथ चोटी पर हैं। उनके बाद वेस्टइंडीज के ब्रायन लारा और इंग्लैंड के वाली हेमंड का नंबर आता है। इन दोनों बल्लेबाजों के नाम सात-सात दोहरे शतक दर्ज हैं। पाकिस्तान के पूर्व कप्तान और वर्तमान टीम के कोच जावेद मियांदाद ने छह जबकि द्रविड़ और श्रीलंका के मार्वन अटापट्टू ने पांच-पांच दोहरे शतक जमाए हैं। गावस्कर के अलावा जहीर अब्बास, लेन हटन, ग्रेग चैपल और गोर्डन ग्रीनिज शामिल हैं।

द्रविड़ ने 270 रन की पारी के लिए, 495 गेंदें खेलीं 34 चौके और एक छक्का लगाया। वह 742 मिनट तक क्रीज पर रहे। यह समय के लिहाज से किसी भी भारतीय की सबसे लंबी पारी है। इससे पहले यह रिकार्ड सुनील

गावस्कर के पास था।

गावस्कर ने इंग्लैंड के खिलाफ बैंगलोर में अपनी 172 रन की पारी के लिए 708 मिनट बल्लेबाजी की थी। द्रविड़ का दोहरा शतक भारत की ओर से बनाया जाने वाला 27वां दोहरा शतक है।

कुल मिला कर यह कहा जा सकता है कि आईसीसी का यह पुरस्कार राहुल द्रविड़ की योग्यता को ही दर्शाता है। इस पुरस्कार ने न सिर्फ उसके कद को बढ़ाया है, बल्कि उसके मान में वद्धि की है। श्रीवृद्धि की है।

पंगा सचिन तेंदुलकर से !

11 दिसंबर 2004-यह तारीख भारतीय क्रिकेट के लिहाज से बहुत ही महत्वपूर्ण तारीख है। इसी दिन ढाका के बंगबंधु स्टेडियम में अपने मास्टर ब्लास्टर सचिन तेंदुलकर ने जो शतक जमाया था, वह ऐतिहासिक शतक था। उन्होंने इसी शतक के बूते पर ही सुनील गावस्कर के 34 शतकों के विश्व रिकॉर्ड की भी बराबरी कर डाली थी। उसी के अगले ही दिन यानी 12 दिसंबर को उन्होंने दोहरा शतक बनाया और 248 रन बना कर नॉट आउट भी रहे, जबकि भारतीय पारी निपट गई थी। सचिन का यही स्कोर उनके कैरियर का सर्वश्रेष्ठ स्कोर भी है।

सचिन तेंदुलकर की इस ऐतिहासिक पारी का जिक्र राहुल द्रविड़ पर केंद्रित इस पुस्तक में महज इसलिए ही किया जा रहा है, क्योंकि जैसे ही सचिन ने अपना दोहरा शतक जमाया, वैसे ही तमाम हिंदुस्तानी क्रिकेट प्रेमियों का कमेंट था। अब क्या राहुल द्रविड़। नहीं रोक पाए ना सचिन को फिर से दोहरा शतक बनाने से।

दरअसल, इस देश के क्रिकेट प्रेमी सचिन तेंदुलकर को इतना चाहते हैं कि पूछिए मत। मुल्तान में छह रनों से जो अपना दोहरा शतक सचिन तेंदुलकर नहीं लगा पाए थे, उस देश को तो राहुल द्रविड़ को झेलना ही झेलना पड़ेगा। उससे वह किसी भी सूरत में बच नहीं सकते हैं। चाहे वह कुछ भी क्यों न कर लें।

किस्सा कुछ यूं घटा था। पिछले साल भारत की टीम ने पाकिस्तान का दौरा किया। वहां तीन टेस्ट मैचों की सिरीज खेली गई थी। पहला टेस्ट मुल्तान की सरजमीं पर 28 मार्च से 1 अप्रैल 2004 के बीच खेला गया। चूंकि गांगुली अस्वस्थ थे, इसलिए टीम की कप्तानी राहुल द्रविड़ ही कर रहे थे। द्रविड़ ने ही टॉस जीता और पहले बैटिंग करने का फैसला किया। मैच शुरू होते ही नजफगढ़ के पावर हाउस ने अपना काम शुरू कर दिया। पहले विकेट की साझेदारी में भारत ने 160 रन बनाये। फिर आए कप्तान साहब। ये सिर्फ छह रन बना कर चले गए। स्कोर हो गया दो विकेट पर 173 रन। द्रविड़ के आउट होने के बाद मास्टर ब्लांस्टर सचिन तेंदुलकर ने मोर्चा संभाला। दोनों ने बहुत ही सूझ बूझ वाली तथा क्रांतिकारी क्रिकेट खेली थी मुल्तान में। जिसने भी वहां

देखा वह सिर्फ वाह-वाह ही करता रहा। सहवाग ने जहां 309 रन बना कर भारत की तरफ से पहला तिहरा शतक बना कर जश्न मनाया, वहीं दूसरे दिन का खेल खत्म होने के करीब आधा घंटा पहले पारी समाप्ति की घोषणा करके सचिन तेंदुलकर का दोहरा शतक नहीं पूरा होने दिया गया। मात्र छह रनों से सचिन वह शतक पूरा नहीं कर पाए। 194 (नॉट आउट) के स्कोर पर वह मुंह लटकाए पैवेलियन वापस लौट आए। हालांकि सचिन कभी रिएक्ट नहीं करते हैं, पर उस दिन वह भी रिएक्ट कर गए और बोले-'मेरा दोहरा शतक तो बनना ही चाहिए था।'

राहुल द्रविड़ की पारी समाप्ति की घोषणा की पूरे देश में जम कर आलोचना की गई। सिर्फ कुछेक लोगों ने ही निर्णय की सराहना की, पर ज्यादातर लोगों ने उस निर्णय की आलोचना ही की। द्रविड़ को जम कर कोसा गया। गालियां दी गई। सचिन को लेकर सारे देश में सहानुभूति की लहर दौड़ गई। जो गाहे-बगाहे अभी भी अपना रूप दिखा ही देती है। ढाका में जब सचिन ने बांग्ला देश के खिलाफ दोहरा शतक जमाया, तब भी वहीं मुल्तान वाली घटना फिर से हमारे मन-मयूर में घूम ही गई थी।

हालांकि कुछ लोग यह कह कर इस पचड़े में पड़ने से बचते हैं कि चूंकि मुलतान में भारत एक पारी और 52 रनों से जीत गया था, लिहाजा हमें महत्वपूर्ण जीत के चलते उस छोटी सी घटना को भुला देना चाहिए। पर ना तो इस देश का क्रिकेटप्रेमी ही इस घटना को भुला पाए हैं और ना ही सचिन तेंदुलकर या राहुल द्रविड़ ही।

उस ऐतिहासिक घटना के बाद राहुल द्रविड़ ने स्वयं सचिन तेंदुलकर के पास जा कर माफी भी मांगी थी और यह सफाई भी दी थी कि उन्होंने पारी समाप्ति की घोषणा की थी, तो क्यों की थी। इस बाबत सारे देश के अखबारों में खबरें भी छपी थीं, पर भारतीय क्रिकेट प्रेमियों के मन मस्तिष्क में यह बात घर करके बैठ गई है कि राहुल द्रविड़ ने जान बूझ कर ही पारी समाप्ति की घोषणा की थी। यही वह दंश है, जो राहुल द्रविड़ को जिंदगी भर, याद रखिए जिदंगी भर झेलना ही पड़ेगा। मुलतान के उस हादसे को ना तो सचिन तेंदुलकर ही भूलेंगे, ना ही राहुल द्रविड़ और ना ही इस देश के क्रिकेट प्रेमी ही। अगर भूल गए होते तो उस वक्त मुल्तान वाली उस घटना को याद नहीं किया जाता, जब सचिन तेंदुलकर ने ढाका में बांग्लादेश के खिलाफ दोहरा शतक जमाया था। जब जब सचिन दोहरा शतक बनायेंगे या नहीं बना पाएंगे, तब-तब मुल्तान को याद किया जाता रहेगा।

यह बात भी सही कही गई है कि एक अच्छा कप्तान डूबती नैया को भी पार लगा देता है। लेनिक राहुल द्रविड़ में इस खूबी का अभाव नजर आया है। यह सही है कि उन्हें अभी पर्याप्त अवसर नहीं मिले हैं पर नेतृत्व क्षमता में पैनापन न होने के संकेत तो मिल ही गए हैं।

विकेटकीपिंग को लेकर द्रविड़ अपनी जिद के चलते भले ही इन दिनों चर्चा में रहे हों पर इस सारी बहस के बीच एक अच्छी बात यह हुई है कि सभी को स्पष्ट हो गया है कि द्रविड़ को हम भारतीय टीम के अगले कप्तान के रूप में देखना छोड़ दें, तो ही बेहतर रहेगा।

मतलब साफ है कि भारत के पास नेतृत्व संभालने के लिए दूसरी पंक्ति उस तरह मौजूद नहीं है जिस तरह स्टीव वॉ के उत्तराधिकारी के रूप में रिकी पोंटिंग पहले से ही तैयार थे। इससे टीम की प्रगति बुरी तरह से प्रभावित हो सकती है।

क्रिकेट में कप्तानी का मसला कोई कम महत्वपूर्ण नहीं है। कप्तानी की बदौलत ही क्लाइव लॉयड, इमरान खान, एलन बोर्डर और अर्जुन रणतुंगा ने मैदानों पर वह कर दिखाया जो विवियन रिचड्र्स, सचिन तेंदुलकर और इयान बोथम करने में नाकामयाब रहे। अलग-अलग व्यक्तित्व वाले खिलाड़ियों को एक सूत्र में बांधने के लिए सिर्फ प्रतिभा ही काफी नहीं है। मजबूत और दमदार कप्तान हमेशा टीम के भले के लिए ही सब कुछ करते नजर आते हैं जैसे कि सौरव गांगुली जिन्होंने कभी उस दौर में भी टीम के हित को नजर अंदाज नहीं किया जब उनकी बल्लेबाजी के टेस्ट स्तरीय होने को लेकर सवाल उठाए जा रहे थे।

द्रविड़, सतत रूप से पूरक भूमिका निभाने वालों में से हैं और वह अपने दायरे से बाहर नहीं आ पाते हैं। उन्हें यह तो मालूम ही था कि उन्हें हाल में अस्थायी तौर पर कप्तान बनाया गया था पर अब यह भी लगने लगा है कि वह स्थायी रूप से कभी भी कप्तान की भूमिका में खुद को नहीं देखते हैं। उनकी बल्लेबाजी में वह धार नहीं जो अहमदाबाद टेस्ट में दोनों पारियों में 222 और 73 रन बनाने वाले में होनी चाहिए। विकेटकीपिंग के मामले में वह अपना पक्ष रखने का काम भले ही बखूबी कर रहे हों पर सच यही है कि पार्थिव पटेल के समर्थकों का दायरा उनके परिवार के बाहर नहीं है। द्रविड़ सही मायने में खुद भी यह स्वीकार करने वालों में सबसे आगे होंगे कि पटेल को एकदिवसीय मैचों में खिलाने का कोई मतलब नहीं है।

पिछले कुछ मैचों में द्रविड़ ने लचीला रुख नहीं अपनाया और न ही लीक

से हटकर चले। मसलन मुंबई में उन्होंने वीरेंद्र सहवाग को नई गेंद थमाने की अपनी योजना को ही अंजाम दिया बिना यह देखे कि जहीर खान की दनदनाती हुई एक गेंद ने कैसे मैथ्यू हेडन को हक्का बक्का कर दिया था। जब टीम की हालत खस्ता हो रही थी तो उन्होंने खुद जाकर स्थिति संभालने के बजाए अपेक्षाकृत युवा और कम अनुभवी कैफ को नंबर तीन पर खेलने के लिए भेज दिया। उसके बाद कटक में उन्होंने तीन स्पिनरों का इस्तेमाल किया। यह खतरा तो कोई केन्या की टीम के खिलाफ भी नहीं उठाता। टेस्ट श्रृंखला में भारतीय स्पिनरों की धुनाई कर चुके किसी बल्लेबाजों को दूर छितराए क्षेत्ररक्षण के साथ और क्या चाहिए था।

इन सबका मतलब द्रविड़ जैसे बल्लेबाज को नीचा दिखाना नहीं है क्योंकि सच तो यह है कि टीम में उनका योगदान तेंदुलकर से ज्यादा महत्वपूर्ण रहा है। सभी प्रकार की विकेटों पर द्रविड़ भारत की ओर से सबसे बेहतरीन बल्लेबाज साबित हुए हैं। न चाहते हुए भी उन्होंने कई बार सलामी बल्लेबाज की भूमिका निभाई और बिना किसी प्रतिरोध के अपना बल्लेबाजी क्रम ऊपर नीचे होने को स्वीकार किया है। ऐसी भी स्थितियां आई हैं कि अगर वह थोड़ी सी भी 'शरारत' करते तो गांगुली का बोरिया बिस्तर गोल हो सकता था, पर गांगुली ने उन्हें हमेशा अपने साथ खड़े पाया। विकेटकीपिंग के प्रति उनकी अनिच्छा के अपने कारण हैं। किसी भी क्रिकेटर पर यह दोगुना दबाव डालने वाली बात है जिससे आप धुआंधार बल्लेबाजी और अच्छी विकेटकीपिंग दोनों की अपेक्षा रखते हैं।

उन्हें विकेटकीपिंग करते हुए चोट का शिकार होना पड़ सकता है जिससे उनका बल्लेबाज के रूप में कैरियर प्रभावित हो सकता है। आखिर सभी को मालूम है कि वह कंधे की चोट को किसी प्रकार संभाल रहे हैं। उनकी गलती नहीं है अगर वह सोचते हैं कि अभी वह दस हजार रन और बना सकते हैं तथा उनकी बल्लेबाजी और लक्ष्य के बीच वह कोई रुकावट नहीं आने देना चाहते हैं।

पर विडंबना यह है कि ये निजी स्वार्थ हैं और टीम के हितों से टकराते हैं। सैयद किरमानी के अलावा विकेटकीपिंग के मामले में उनसे कोई चयनकर्ता भी सहमत नहीं हैं। चयनकर्ता इस बात से भी खुश नहीं हैं कि पिछले साल जब द्रविड़ की मर्जी थी तो उन्होंने वेस्टइंडीज में टीम में बने रहने के लिए विकेटकीपिंग की। पर अब जब उनके बिना टीम का काम नहीं चल सकता तो वह अपनी प्राथमिकताओं की बात करने लगे हैं

इन सबके बीच सचिन तेंदुलकर की कप्तानी के लिए एक बार फिर मार्ग प्रशस्त होता लग रहा है। सीजन के आरंभ में तेंदुलकर द्वारा ईरानी ट्राफी में मुंबई की कप्तानी संभालने के निर्णय से पहले ही सब हतप्रभ हैं। गांगुली को भी यह एहसास है कि आस्ट्रेलिया के दौरे की लपेट में कई दिग्गज कप्तान आ चुके हैं। वैसे भी बोर्ड में उनके दोस्त कम ही हैं। ऐसा स्वाभाविक ही है क्योंकि गांगुली अपने हिसाब से चलते हैं न कि बोर्ड में उन्न स्तर पर बैठे सदस्यों की उंगली पकड़ कर चलना पसंद करते है जैसे कि वे सदस्य चाहते हैं।

पर गांगुली के अंदाज में इससे कोई फर्क नहीं पड़ने वाला है क्योंकि उन्होंने कप्तानी को हमेशा जुआ खेलने के अंदाज में लिया है। जब एक-एक श्रृंखला के आधार पर बोर्ड उनकी कप्तानी का 'नवीनीकरण' कर रहा था। उन्होंने तब भी किसी की परवाह न करते हुए अपनी आक्रामक शैली बरकरार रखी थी और खेल प्रशंसकों को यही बात पसंद भी आई। इसलिए जो कप्तानी की दौड़ में शामिल हैं, राहुल द्रविड़ सहित उन सभी को गांगुली से अभी बहुत कुछ सीखना बाकी है।

ऑस्ट्रेलिया के खिलाफ एकदिवसीय मैचों में उन्होंने जो स्तरहीन कप्तानी की उसकी चर्चा तो दिग-दिगंत में होती ही रही है, पर उन्होंने जो घटना अपनी नजर, सूक्ष्म नजर के सामने मुलतान में होने दी, उसे तो कोई भी भारतीय सही मानने को तैयार ही नहीं है। छह रनों से सचिन तेंदुलकर का दोहारा शतक न बनने देने वाले हादसे के कारण लोगों ने द्रविड़ को अब तक माफ नहीं किया है। और जब-जब वह कप्तानी करेंगे, तब-तब उन्हें यह दंश झेलना ही पड़ेगा।

कुल मिला कर तो यही कहा जा सकता है कि सन् 2003 के अप्रैल के महीने में जो हादसा मुलतान में हुआ था, उसे इस देश की पब्लिक ने अब तक अपने दिल से और दिमाग से खारिज नहीं किया है।

विदेशी धरती का महानायक

भारतीय क्रिकेट टीम के उप कप्तान राहुल द्रविड़ भी इन दिनों बढ़िया-बढ़िया रिकॉर्ड बना रहे हैं। पिछले दिनों बांग्लादेश के खिलाफ खेली गई टेस्ट सिरीज के दौरान ढाका टेस्ट में जब सचिन तेंदुलकर ने अपने कैरियर की सर्वश्रेष्ठ पारी (248 रन नॉट आउट) खेली तब भी राहुल द्रविड़ को जी भर कर याद किया। हालांकि इस टेस्ट मैच में द्रविड़ शून्य पर आउट हो गए थे, पर रिकॉर्डों के लिहाज से उन्हें भी याद किया गया जम कर याद किया गया।

सचिन ने ढाका ने अपने टेस्ट कैरियर का चौथा दोहरा शतक जमाया था। जब दोहरे शतकों की बात चली थी, तभी राहुल को भी याद किया गया था, क्योंकि टेस्ट मैचों में सबसे ज्यादा पांच दोहरे शतक लगाने वाले भारतीय बल्लेबाज का रिकॉर्ड उन्हीं के नाम पर ही दर्ज हैं। उन्होंने जो पांच दोहरे शतक लगाये हैं, उनमें से तीन तो भारत के बाहर बनाये गये हैं। पहला दोहरा शतक विदेशी धरती पर उन्होंने ओवल (इंग्लैंड) में सन् 2002-03 की टेस्ट सीरीज के दौरान बनाया था। स्कोर रहा था 217 रन। दूसरी डबल सेंचुरी उन्होंने विदेशी धरती पर एडीलेड में 2003-04 के सत्र के दौरान बनाई थी। तब उनका स्कोर रहा था-233 रन। जबकि तीसरा दोहरा शतक उन्होंने पिछले साल पाकिस्तान के खिलाफ रावलपिंडी में बनाया था। 270 रनों की यही पारी ही द्रविड़ का सर्वश्रेष्ठ स्कोर भी है।

राहुल ने तीन दोहरे शतक भारत के बाहर बनाये हैं, तो दो भारत में बनाये हैं। पहला दोहरा शतक उन्होंने जिंबाव्वे के खिलाफ दिल्ली में 2000-01 में बनाया था। स्कोर रहा था 200 रन नॉट आउट। जबकि उन्होंने अपना दोहरा शतक (222 रन) न्यूजीलैंड के खिलाफ अहमदाबाद में बनाया था।

यह बात तो हम सब जानते भी हैं और कहते भी हैं कि राहुल भारत में उतना अच्छा नहीं खेलते हैं, जितना अच्छा वह भारत के बाहर खेलते हैं। विदेशी धरती पर बनाये गये पांच दोहरे शतक भी तो इसी बात को ही तो प्रमाणित करते हैं। ढाका टेस्ट मैच तक यानी 15 दिसंबर 2004 तक उन्होंने भारत के बाहर 46 टेस्ट मैच खेले थे और 62.58 रन प्रति पारी के हिसाब से कुल चार हजार एक सौ 93 रन बनाये थे, जिसमें कुल 11 शतक थे और 19

पचासे। जबकि भारत में उन्होंने अब तक 37 टेस्ट मैचों में 2829 रन बनाये थे, जिसमें सात शतक थे और 14 पचासे। भारत में उनका औसत रहा है- 48.77 रन प्रति पारी।

ये आंकड़े ही यह बताने के लिए पर्याप्त हैं कि वह भारत में उतनी अच्छी बैटिंग नहीं कर पाते हैं जितनी कि अच्छी बैटिंग वह भारत के बाहर करते हैं। वैसे भारत के बाहर सबसे अच्छा प्रदर्शन करने का अब तक का रिकॉर्ड सचिन तेंदुलकर के नाम पर ही दर्ज है, पर औसत के लिहाज से राहुल द्रविड़ का औसत सचिन से बहुत-बहुत अच्छा है। सचिन ने भारत से बाहर 68 टेस्ट मैचों में 56.80 के औसत से 5453 रन बनाये हैं। जबकि राहुल ने 46 टेस्ट में 62. 58 के औसत से 4193 रन बनाये हैं। यह आंकड़ा भी यह बात स्पष्ट करने के लिये पर्याप्त सुबूत प्रदान करता है कि यदि राहुल द्रविड़ को हम विदेशी धरती का महानायक कहते हैं, तो कुछ भी गलत नहीं करते हैं।

वैसे पिछला सीजन भी राहुल द्रविड़ के लिए बहुत ही अच्छा रहा है। उस सीजन में ही बेहतर खेल दिखाने के लिए तो द्रविड़ को विजडन प्लेयर ऑफ द ईयर के लिए चुना गया था। पिछले सीजन में 1 अगस्त 2003 से जुलाई 04 के बीच खूब सारे रन बनाये थे, जिसमें तीन दोहरे शतक भी थे, जिसमें दो तो भारत के बाहर ही बनाये गये थे।

अहमदाबाद में न्यूजीलैंड के खिलाफ 222 और 73 रन। चंड़ीगढ़ में 13 और 3 रन। ऑस्ट्रेलिया के खिलाफ ब्रिस्बेन में 1 और 43 रन। एडीलेड में 233 और 73 नॉट आउट। मेलबोर्न में 49 और 92 रन तथा सिडनी में उनके स्कोर रहे थे-38 और 91 नॉट आउट। पाकिस्तान के खिलाफ मुल्तान में छह रन, लाहौर में 33 और शूल तथा रावलपिंडी में 270 रन। ये अद्भुत आंकड़े भी तो यही दर्शाते हैं कि राहुल द्रविड़ सही मायने में विदेशी धरती का महानायक कहलाये जाने के लायक भी है सक्षम भी है और योग्य भी।

सच बात तो यह है कि राहुल द्रविड़ में प्रतिभा कूट-कूट कर भरी है और वह हर स्थिति में स्वयं को तुष्ट भी पाता है और संतुष्ट भी। उसे कभी भी इस बात का ना तो अहंकार होता है और ना ही गर्व भी कि वह भारत का इतना बड़ा खिलाड़ी है। उसे आप किसी पर नंबर पर खिलाइए वह खेल लेंगे। वैसे तो वह टेस्ट मैचों में पारी की शुरुआत भी कर चुके हैं। तीसरे नंबर पर तो खेल ही रहे हैं। चौथे, पांचवें और छठे नंबर पर भी वह बैटिंग कर चुके हैं। यानी किसी भी नंबर पर उन्हें खिलवाइए, हर नंबर पर वह फिट हैं।

तीसरे नंबर पर उन्होंने 64 टेस्ट मैचों में 5614 रन बनाये हैं। ओपनर के

रूप में चार मैचों में 104 रन। चौथे नंबर पर 4 टेस्ट मैचों में 279 रन। पांचवे क्रम पर खेलते हुए उन्होंने 220 रन तथा छठे क्रम पर बैटिंग करते हुए द्रविड़ ने 6 टेस्ट मैचों में 413 रन बनाये हैं। यानी हर मौके पर फिट और हिट। वैसे इतनी खूबियां न तो किसी खिलाड़ी में देखी ही गई हैं और ना ही इतना ज्यादा ही किसी बल्लेबाज को ट्राई भी किया गया है, जितना ट्राई राहुल द्रविड़ को किया गया है। आइए थोड़ा पीछे चलते हैं-

भारत और इंग्लैंड के बीच सन् 2002 में खेली गई टेस्ट श्रृंखला भले ही बराबरी पर छूटी हो और चौथा तथा अंतिम टेस्ट मैच भी भले ही किसी निर्णय पर न पहुंचा हो, लेकिन इससे उस राहुल द्रविड़ की बल्लेबाजी का महत्व बिल्कुल भी समाप्त नहीं होता, जिसने उस शृंखला में न सिर्फ तीन शतक ठोके, बल्कि अपने कैरियर का सर्वोच्च टेस्ट स्कोर भी बनाया। ओवल में राहुल ने 217 रनों की जो अद्‌भुत पारी खेली थी उसने इस बात को फिर प्रमाणित कर दिया कि विदेशी धरती पर वह यानी राहुल द्रविड़ ही सबसे सफल बल्लेबाज है। सफलतम हैं यह बात ओवल टेस्ट से ही नहीं, बल्कि उससे पहले भी प्रमाणित हो चुकी है। आंकड़ों के उस खेल पर हम चर्चा बाद में करेंगे, पहले एक नजर ओवल में हुए टेस्ट मैच पर।

ओवल (लंदन) में भारत और इंग्लैंड के बीच खेला गया उस टेस्ट श्रृंखला का चौथा एवं अंतिम टेस्ट मैच इस लिहाज से महत्वपूर्ण था, क्योंकि भारत और इंग्लैंड-दोनों एक-एक टेस्ट मैच जीतकर बराबरी पर थे। दोनों ही यह श्रृंखला जीतना चाहते थे। इंग्लैंड ने लाड्‌र्स में जुलाई के अंत में टेस्ट मैच जीतकर अपनी श्रेष्ठता सिद्ध की थी, तो भारत ने अगस्त के अंत में हेडिंग्ले टेस्ट जीतकर यह जतला दिया था कि काबिलियत के मामले में वे भी किसी से कमजोर नहीं हैं।

बहरहाल, ओवल में नासिर हुसैन एंड कंपनी ने पहले बल्लेबाजी की और उम्दा बल्लेबाजी का नजारा पेश किया और पहली पारी में 515 रनों का विशाल स्कोर खड़ा किया। पलड़ा उन्हीं का भारी लग रहा था। भारत ने अपनी पारी शुरू की, तो 18 के स्कोर पर ही वीरेन्द्र सहवाग चलते बने। राहुल द्रविड़ आए और अटक गए। वैसे भी यह टेस्ट मैच सचिन तेंदुलकर के कैरियर का सौंवा टेस्ट मैच था, लिहाजा सारा फोकस भी उधर ही था। खैर, पारी बढ़ती गई द्रविड़ की। पहले संजय बांगड़ (21 रन) आउट हुए। फिर सचिन आए और वो भी 54 रन बनाकर चले गए। फिर कप्तान साहब आए और वह भी 51 रन बनाकर निकल लिए। लक्ष्मण आए और वो भी टहल लिए। यहां तक कि

आगरकर भी आए और टहल गए, पर राहुल द्रविड़ मलखंभ की तरह विकेट पर खड़े रहे और अड़े भी रहे। इस दौरान उन्होंने शतक भी बनाया और दोहरा शतक भी बनाया। वो जो कुछ ठानकर आए थे, उन्होंने पूरा भी किया। वह जब 217 रनों के व्यक्तिगत स्कोर पर आउट हुए तब भारत का स्कोर 7 विकेट पर 473 रन यानी 18 पर आए थे 473 पर गए। यानी उनके सानिध्य में बने 455 रन। यानी राहुल फिर जीत गया। मैच ड्रा रहा, पर राहुल द्रविड़ विदेशी धरती पर जीत गया।

ओवल में राहुल द्रविड़ ने 217 रनों का जो स्कोर बनाया था, वह उनके टेस्ट कैरियर का सर्वोच्च स्कोर था। इससे पहले उनका व्यक्तिगत सर्वोच्च स्कोर 200 रन अविजित था, जो उन्होंने दो साल पहले जिम्बाव्वे के खिलाफ दिल्ली के फिरोजशाह कोटला के मैदान पर बनाया था। वैसे भी इस मैच की बदौलत द्रविड़ ने कई और रिकार्ड बनाए, जैसे उन्होंने इस श्रृंखला में ही 602 रन बना डाले। अब तक इंग्लैंड के खिलाफ श्रृंखला में सर्वाधिक रन बनाने का कीर्तिमान विजय मांजरेकर के नाम पर दर्ज था। उन्होंने 1961-62 में 586 रन बनाए थे।

दूसरा सर्वश्रेष्ठ रिकार्ड राहुल द्रविड़ के बल्ले से यह बना कि उन्होंने इस कैलेंडर वर्ष में एक हजार रन पूरे किए। इस वर्ष यह कारनामा करने वाले वह पहले भारतीय हैं। 64 टेस्ट मैच की 109वीं पारी में राहुल द्रविड़ का यह 13वां टेस्ट शतक था।

इस टेस्ट मैच से पहले राहुल द्रविड़ का जो टेस्ट रिकार्ड था, वह निम्न था-63 टेस्ट मैच, 108 पारियां, 11 में अविजित, 5118 रन, 200 अविजित सर्वश्रेष्ठ, 52.76 औसत, 12 शतक, 27 पचासे, दो बार शून्य में आउट हुए और 80 कैच।

यह बात भी सत्य है कि राहुल द्रविड़ के इस दोहरे शतक में कई पुराने कीर्तिमानों के टूटने की भी गूंज है, लेकिन द्रविड़ का महत्त्व फकत इन कीर्तिमानों में नहीं है जो क्रिकेट की दुनिया में वैसे भी चिरस्थाई नहीं होते। द्रविड़ का महत्व दरअसल उसकी उस शास्त्रीय बल्लेबाजी में है, जो धैर्य और मानसिक संतुलन से आती है और जो एकदिवसीय क्रिकेट के इस दौर में ज्यादातर विरल होती जाती है।

राहुल द्रविड़ की ध्रुपद शैली क्रिकेट की शास्त्रीयता की ही याद नहीं दिलाती बल्कि इससे उत्तरोत्तर यह भी प्रमाणित होता है कि क्रिकेट मे आए संक्रामक और आक्रामक परिवर्तन के इस दौर में उनकी बल्लेबाजी विशुद्ध

रक्षात्मक तो नहीं ही है। इस लिहाज से राहुल द्रविड़ को दीवार कहना उनकी बल्लेबाजी क्षमता को कम करके आंकना ही कहा जाएगा। लेकिन देखने वाली बात तो यही है कि गेंदबाजों का समुचित जवाब देते समय वह अपना विकेट उतनी जल्दी नहीं गंवाते हैं, जितनी जल्दी अन्य बड़े बल्लेबाज आसानी से गंवा देते हैं।

अब जबकि सचिन तेंदुलकर कई बार अपनी चमक खोते दिखाई देते हैं और सौरव की चमक भी असरकारी नहीं दिखती तो ऐसे में द्रविड़ भाई साहब का होना भारतीय मध्यक्रम के लिए किसी सौगात से कम नहीं है। लगातार विलक्षण प्रदर्शन के साथ-साथ द्रविड़ की कम उम्र भी उनके कैरियर के अनुकूल है, लिहाजा उनके प्रति संभावनाएं होना स्वाभाविक भी है। वैसे भी द्रविड़ जब भी भारत के बाहर खेल रहे होते हैं, तब उनका बैट वैसे भी प्रलंयकारी हो जाता है। आक्रामक हो जाता है। विदेशी धरती पर वह सफल रहते हैं। क्यों। देखिए इन आंकड़ों को-

ओवल टेस्ट के पहले तक राहुल द्रविड़ ने भारत के बाहर 35 टेस्ट मैच खेले थे और उसकी 60 पारियों में 2917 रन बनाए थे। 190 रन सर्वोच्च रन बनाए, औसत 56.17 रन प्रति पारी, 15 पचासे और 8 शतक। जबकि ओवल में उन्होंने बनाए 217 रन, जिससे उनका यह रिकार्ड और भी बेहतर हो गया। मजे की बात तो यह है कि अपने टेस्ट कैरियर में द्रविड़ ने आज की तारीख में कुल 5335 रन बनाए हैं, जिनमें से 3134 रन विदेशी धरती पर बनाए हैं। उन्होंने कुल 13 शतक बनाए हैं, जिनमें से 9 शतक विदेश में ही बने हैं। उन्होंने कुल 27 पचासे मारे हैं, जिनमें से 15 विदेशी धरती पर ही बने हैं। कुल मिलाकर यही कहा जा सकता है कि राहुल घर का नहीं, घर के बाहर का शेर है, जो जीतता है, और सिर्फ जीतता हैं। राहुल किस तरह का विजेता है उसे हाल ही में संपन्न हुई टेस्ट श्रृंखला से समझा जा सकता है। उसने हाल की श्रृंखला में 100.33 के औसत से कुल 602 रन बनाए और उन्हें ओवल टेस्ट का 'मैन ऑफ द् मैच' तो चुना ही गया, पूरी श्रृंखला का इंडियन 'मैन ऑफ द सीरीज' चुना गया।

जहां तक भारत के बाहर खेले गए टेस्ट मैचों का सवाल है, तो तब तक उस लिस्ट में कई धुरंधर खिलाड़ी मौजूद थे, पर टॉप पर राहुल द्रविड़ ही थे। ओवल टेस्ट से पहले तक विदेशी धरती पर सचिन तेंदुलकर ने 57 टेस्ट में 4463 रन बनाए हैं। औसत 53.77 रहा है उनका। इस सूची में सौरव गांगुली तीसरे नंबर पर हैं। उन्होंने 34 टेस्ट मैचों में 44.65 के औसत से 2322 रन

बनाए हैं जबकि सुनील गावस्कर ने 60 टेस्ट में 52.11 के औसत से 5055 रन बनाए हैं। 18 शतक, 22 अर्द्धशतक उन्होंने विदेशी धरती पर ही बनाए हैं।

पूर्व भारतीय कप्तान मोहम्मद अजहरुद्दीन ने विदेशी धरती पर 53 टेस्ट मैच खेले और 36.40 रन प्रति पारी के हिसाब से कुल 2803 रन बनाए, जबकि मोहिंदर अमरनाथ ने 37 टेस्ट मैच में 3008 रन बनाए। औसत 51.86 रहा। पूर्व कप्तान और सदी के क्रिकेटर चुने गए कपिल देव का भी नाम भी है इस सूची में। उन्होंने भारत के बाहर 66 टेस्ट मैच खेले, 2483 रन बनाए 138 सर्वोच्च स्कोर रहा। औसत रहा 26.21 रन प्रति पारी।

कर्नल उर्फ दिलीप बलवंत वेंगसरकर जो भारतीय क्रिकेट टीम के कप्तान भी रह चुके हैं, को भी बाहर का शेर माना जाता रहा है, पर राहुल द्रविड़ के समक्ष वह भी पानी भरते नजर आते हैं, तब जब आंकड़े सामने होते हैं। वेंगसरकर ने भारत के बाहर कुल 62 टेस्ट मैच खेले और 3143 रन बनाए थे। 157 उनका सर्वोच्च स्कोर रहा। औसत रहा 32.73 रन प्रति पारी 20 पचासे और चार शतक।

इस सारे प्रकरण का सबसे मजेदार पहलू तो पिछले दिनों तब देखने को मिला, जब ओवल टेस्ट भी खत्म हो गया और इंग्लैंड का दौरा भी। तभी भारतीय टीम के कोच सर जॉन राइट ने पत्रकारों को यह रहस्य बताया कि राहुल द्रविड़ इसलिए इंग्लैंड में हिट हुआ है, क्योकि वह अब पहले से ज्यादा फिट है। फिट है तभी तो हिट भी हुआ है।

उन्होंने स्पष्ट तौर पर यह कहा कि टीम में विशेष ट्रेनर को नियुक्त किए जाने का लाभ भी हुआ है। यह एक महज इतफाक भी हो सकता है कि शारीरिक प्रशिक्षक एड्रियन ली रॉक्स की नियुक्ति के बाद द्रविड़ के प्रदर्शन में इस कदर निखार आया है। हकीकत यह है कि ट्रेनर के आने के बाद ही टीम में जहीर खान और राहुल द्रविड़ का फिटनेस ग्राफ सबसे ऊपर आ गया है। एक विदेशी कोच के लिए द्रविड़, सचिन तेंदुलकर और सौरव गांगुली जैसे धुरंधर खिलाड़ियों वाली टीम को मार्गदर्शन देना गौरव की बात है। राइट साहब ने तो खुद यह बात स्वीकारी है कि नाटिंघम में शतक जमाने के बाद राहुल ने खुद से यह बात स्वीकारी थी कि वह इस समय खुद को अच्छी फॉर्म में महसूस कर रहे हैं और इसी फॉर्म को कायम भी रखना चाहते हैं।

ओवल का टेस्ट मैच जब शुरू हुआ था, तब सारी दुनिया की निगाहें सचिन तेंदुलकर पर ही थी, क्योंकि यह उनका सौंवा टेस्ट मैच था, पर इस यादगार टेस्ट मैच की सारी यादें राहुल का वह दोहरा शतक़ चुरा ले गया। तभी

तो मैच की समाप्ति पर उन्होंने 'क्रिकेट टुडे' से कहा भी था कि मुझे अच्छे प्रदर्शन की तो उम्मीद थी, पर दोहरे शतक की नहीं। दोहरे शतक का सारा श्रेय मैं सचिन को और इंग्लैंड के 515 रनों के विशाल स्कोर को देना चाहूंगा, जिन्होंने मुझे लंबी पारी खेलने के लिए प्रेरित किया। ऐसी ही प्रेरणा मिलती रहे, तो मैं अच्छा खेलता रहूंगा।

वैसे भी लार्ड्स में नेट-वेस्ट ट्रॉफी जीतने के बाद से भारतीय टीम का मनोबल सातवें आसमान पर पहुंच गया था, पर लार्ड्स के पहले टेस्ट में ही भारतीय टीम का बेड़ा गर्क हो गया था। वह टेस्ट मैच हम 170 रनों से हार गए थे। हम हारे ज़रूर थे, पर राहुल द्रविड़ का बल्ला तभी से रन उगलने लगा था। उसने लार्ड्स में 46 और 63 रनों की पारियां खेली थी। ट्रेंटब्रिज में खेले गए दूसरे टेस्ट में राहुल ने 13 और 115 रन बनाए थे। हेडिंग्ले टेस्ट भारत ने पारी के अंतर से जीता था और इसमें उनका स्कोर था 148 रन। यहां पर भी वहीं 'मैन ऑफ द मैच' चुने गए थे। ओवल में तो उन्होंने 217 रन बनाए ही थे।

रन बनाना और लगातार बनाना-यह कला भारत के तीन बल्लेबाजों को ही आती है और वे तीन हैं-सचिन तेंदुलकर, राहुल द्रविड़ और सौरव गांगुली। यही नहीं ये तीनों लंबी-लंबी पारियां भी खेलने में माहिर हैं। ट्रेंटब्रिज में छह घंटे, हेडिंग्ले में साढ़े सात घंटे और ओवल में दस घंटे लंबी पारी खेलकर द्रविड़ ने सचमुच में जान राइट के शब्दों को ही प्रमाणित किया है कि अब वह बहुत फिट हो गए हैं।

वैसे भी राहुल द्रविड़ इस समय भारतीय टीम की सबसे बड़ी जरूरत बन गया है। एकदिवसीय टीम में वह दोहरी भूमिका निभाता है। एक तरफ तो बल्लेबाज के रूप में तो टीम में रहता ही है, दूसरे-विकेटकीपर के रूप में भी उसने अपनी उपयोगिता सिद्ध कर दी है। आधुनिक क्रिकेट रणनीति एवं गेमप्लान के मुताबिक उसने अपने आपको पूरी तरह से तैयार कर रखा है। होमवर्क भी वह पूरा करता है, तभी तो हर मामले में जीतता है सिर्फ जीतता है।

वरिष्ठ स्तंभकार अयाज मेनन तो स्पष्ट तौर पर यह स्वीकार करते हैं कि राहुल द्रविड़ एक नए लड़के की तरह मेहनत करता है, संघर्ष करता है। ड्यूटी को पूरी गंभीरता से निभाता है। उसकी मेहनत में संघर्ष में स्वार्थ का कतई भी पुट नहीं होता है और जब स्थितियां विपरीत होती हैं, तब तो उसका साहस और कड़ी मेहनत देखते ही बनती है। हकीकत यह है कि वह प्राकृतिक रूप से

संघर्षवान है, क्षमतावान है और रियल विनर है। विजेता नहीं, महाविजेता है, असली विजेता।

वह आगे लिखते हैं-'यहीं नहीं, उसके खेल में समर्पण भाव की जो ईमानदारी झलकती है या जिम्मेदारी का जो भाव दिखता है, वह काबिलेतारीफ है। ऐसा नहीं है कि ये बातें अन्य खिलाड़ियों में हैं नहीं, हैं, पर जो बात द्रविड़ में है, वो किसी और में नहीं। यह भी सत्य है कि राहुल को पता है कि उसकी सीमाएं क्या हैं। वह सचिन, सहवाग या गांगुली जैसा तूफानी नहीं हो सकता पर जितनी क्षमताएं उनमें हैं, वह उनका भरपूर दोहन करना चाहता है और करता भी है। यही सब बातें ही तो उसे रियल विनर बनाती हैं। विजेता नहीं, महाविजेता जो जीतता है, बस जीतता है।'

व्यक्तिगत जिन्दगी में राहुल बहुत शांत रहता है। अंतर्मुखी है। प्राइवेट मैन है। आत्मविश्लेषण बहुत करता है। पूजा-पाठ भी करता है। इन सबके बावजूद भी वह लाखों का चहेता है, क्यों, क्योंकि वह क्रिकेट की पूजा करता है। क्रिकेट का सच्चा भक्त है और अच्छा भक्त भी। वह अच्छे बच्चों की तरह हटी भी नहीं हैं। जिद भी नहीं करता हैं। उसके और सचिन के बीच भी कुछ विषमताएं हैं, जैसे पहले एकदिवसीय क्रिकेट में वह सचिन के बाद बल्लेबाजी करने तब भी उतरा था जब सचिन ओपनर थे। आज सचिन ओपनर नहीं हैं और चौथे नंबर पर खेलते हैं, तब राहुल भी उनके नीचे बल्लेबाजी करने आते हैं पांचवें नम्बर पर। पर टेस्ट मैचों में वह आज भी तीन नंबर पर खेलते हैं। गुंडई भाषा में कहें तो यह तीन-पांच बहुत करते हैं। टेस्ट का तीन और एकदिवसीय का पांच। तीन-पांच करने का एक अर्थ बहस करना भी होता है। पर द्रविड़ स्वभाव से भी ज्यादा बहसवान नहीं है। शांतचित्त रहते हैं। हां, उनकी खासियत यही है कि इंडिया जब-जब उससे कुछ चाहता है वह उसे देते जरूर है। भारत माता को वह निराश नहीं करते हैं। मां के सच्चे सपूत हैं वह। क्रिकेट के सच्चे पूत हैं वह।

राहुल की एक खासियत यह भी है कि वह चीजों को हल्के में नहीं लेते हैं। चाहे वह गली स्तर की क्रिकेट खेल रहे हों या फिर नेट्स पर हों, वह हमेशा ही इस खेल के प्रति गंभीर रहते हैं न कोई हल्कापन और न ही कोई शोशेबाजी।

जहां तक नम्बर तीन पर बल्लेबाजी करने का सवाल है तो उस बारे में स्पष्ट और साफतौर पर यह कहा जा सकता है कि विश्व क्रिकेट में आज उन्हें तीसरे नम्बर का सर्वश्रेष्ठ बल्लेबाज तो आज की तारीख में कहा ही जाता है,

पर कई विद्वानों की यह भी राय बनती जा रही है कि राहुल द्रविड़ ने आज की तारीख में तो स्वयं को सर्वश्रेष्ठ सिद्ध कर ही दिया है, अब वह इस पोजीशन को लेकर इतिहास को भी खंगालने लगे हैं, उस पर भी नजर डाल रहे हैं। वैसे द्रविड़ भी थ्री यानी तीन को लकी मानते हैं।

इधर हाल के सालों में द्रविड़ ने अपने आपको भारत का सबसे भरोसेमंद बल्लेबाज साबित किया है। फिर इग्लैंड तो उसे हमेशा से ही रास आया है। इंग्लैंड में ही खेलकर तो उसने टेस्ट क्रिकेट की शुरुआत की थी 1996 में। तीन साल बाद 1999 में जब वह इंग्लैंड गया विश्व कप खेलने तो उसमें भी उसने सबसे ज्यादा रन बनाए। फिर तीन साल बाद 2002 में जब वह गए, तो टेस्ट श्रृंखला में भी कमाल कर डाला, तीन लगातार शतक बनाए और सबसे ज्यादा रन (602) भी, वह भी तीसरे नंबर पर खेलते हुए। यानी तीन का अंक लकी है द्रविड़ के लिए।

अपने पूरे क्रिकेट कैरियर के बारे में द्रविड़ का तो यही कहना है–'यह बात तो आप में होनी ही चाहिए कि आप आलोचनाओं को स्वीकारें और उन्हें अपने हिसाब से हैंडल करें और सबसे बड़ी बात तो यह है कि उसी (आलोचना) के हिसाब से यदि स्वयं को बदलेंगे, तो जीतेंगे आप ही। मैं तो जब भी बल्लेबाजी करने के लिए उतरता हूं तो दिमाग को स्थिर करके या सेट करके नहीं जाता हूं। और अपनी इसी स्टाइल या आदत के मुताबिक ही मैं खेलता हूं या खेलते रहना चाहता हूं।'

बहरहाल, द्रविड़ फिर बुलंदियों पर हैं। टॉप पर हैं। उसने फिर यह प्रमाणित कर दिया है कि उससे बड़ा 'भरोसेमंद' कोई और नहीं। भारत के बाहर तो उसने साबित ही कर दिया है कि वह विजेता नहीं महाविजेता हैं। असली सवाल तो यह है कि हम तभी से उसे महान बना बैठे हैं, जबकि वह 29 के ही थे। क्रिकेट का दीवाना इतना है कि उसे पत्नी ढूंढ़ने की भी फुरसत नहीं थी जब वह भारत का सबसे चिकना कुंआरा था। क्रिकेट में एक मशहूर महावत है कि बल्लेबाज अपना सर्वश्रेष्ठ प्रदर्शन 28 से 35 साल के बीच में करते हैं।

कुल मिलाकर तो यही कहा जा सकता है कि राहुल को अभी विदेशी दौरों का ही इंतजार है, जो फिलहाल तो होता नहीं ही दिख रहा है। अभी तो विदेशी धरती के इस महानायक को घर पर ही अपना बल्ला भांजना है और मेहनत करनी है।

कहां गई रवीना टंडन?

जो लोग राहुल द्रविड़ को जानते पहचानते हैं, वे रवीना टंडन से राहुल के प्रेम प्रसंग के बारे में भी भली-भांति परिचित होंगे। इनके बीच पहले तो दोस्ती हुई फिर कथित रूप से ये दोनों प्यार के आगोश में भी आ गये। हालांकि उनका ये रिश्ता शादी तक नहीं पहुंच पाया। घरवालों के आगे राहुल को झुकना पड़ा और 2003 में राहुल द्रविड़ की शादी विजेता नाम की लड़की से करवा दी गई। तकरीबन एक साल रवीना ने भी शादी कर डाली। उनकी शादी रवि थडानी से हुई। फिलहाल रवीना गर्भ से हैं और शीघ्र ही मम्मी भी बनने वाली हैं।

तकरीबन दो-तीन साल पहले तक तो यह लगने ही लगा था कि हो सकता है कि राहुल द्रविड़ की दुल्हन रवीना टंडन ही बन जाएगी, क्योंकि उन दिनों जिस तरह की अखबारबाजी हो रही थी, उसने इशारा इसी तरफ ही किया था और लोग तो चटखारे मार-मार कर मजे भी ले रहे थे इस मामले में।

उन्हीं दिनों फिल्मी पत्रिकाओं में इस तरह के भी लेख छपने शुरू हो गए थे कि रवीना और राहुल की प्रेम लीला बहुत तेजी से शादी की तरफ भी मुखातिब हो रही है, पर यह लीला ज्यादा आगे बढ़ नहीं पाई और अंततः दोनों के रास्ते और रिश्ते अलग-अलग होते चले गए। आज राहुल द्रविड़ अपनी पत्नी विजेता की बाहों में गीत गुनगुना रहे हैं, तो मैडम रवीना टंडन थडानी साहब की बाहों में कैद है और अपने होने वाले बच्चे की परवरिश करने में मशगूल हैं।

यह बात तो हम सब जानते ही हैं कि क्रिकेट और फिल्मों का चोली दामन का साथ रहा है और इसी साथ का ही तो समय समय पर यह नतीजा निकलता रहा है कि दोनों क्षेत्रों के लोगों के बीच न सिर्फ बहुत जल्दी दोस्ती हो जाती है, बल्कि कभी-कभी शादियां तक हो जाती हैं। भारतीय क्रिकेट टीम के दो पूर्व कप्तानों-मंसूर अली खान पटौदी ने अगर मशहूर हीरोइन शर्मिला टैगोर से 30-32 साल पहले निकाह किया था, तो मोहम्मद अजहरुद्दीन ने सात साल पहले संगीता बिजलानी को अपनी बेगम बनाया था।

इसके अलावा तमाम किस्से और भी हैं जो सिर्फ किस्से बन कर ही रह

गए। यदि ये किस्से भी शादी में तब्दील हो जाते तब तो यह कहावत ही बन जाती कि फिल्म नगरी या फिल्मी क्षेत्र तो क्रिकेटरों की परमानेंट ससुराल है। रवि शास्त्री के किस्से अगर अमृता सिंह के साथ उछले तो वेस्टइंडीज के पूर्व कप्तान सर गैरी सोबर्स की कहानी अंजू महेंदू के साथ जुड़ गई। यही नहीं, संदीप पाटिल भी इस चक्कर में फंस ही चुके हैं, और तो और अपने आज के कप्तान सौरव गांगुली भी तो पिछले दिनों नगमा-नगमा करते फिर रहे थे। इसी कड़ी में जो नया नाम हवा में उछला था वह था भारत के सबसे ठोस बल्लेबाज राहुल द्रविड़ का। उनका नाम रवीना टंडन के साथ जोड़ा जा रहा था। कहा जा रहा था कि दोनों ब्याह करने वाले थे।

कहने वालों की बातों पर अगर गौर किया जाए तो उस हिसाब से तो इन दोनों की शादी होने में ज्यादा समय नहीं रह गया था। बस बारात उठने ही वाली थी। यह बात सच है कि दोनों एक दूसरे को बहुत करीब से जानते हैं। पिछले दिनों दोनों की कुछ ऐसे मौकों पर मुलाकातें हुई थीं जिसने इन दोनों के किस्सों को परवान चढ़ा दिया। यहां तक कि क्रिकेट के उन जानकारों, जो इस इश्क के बारे में जानते थे, ने भी यह कहना शुरू कर दिया था कि अब राहुल को रवीना से शादी कर लेनी चाहिए, क्योंकि उसकी बैटिंग पर भी उसके इस इश्क का असर साफ दिखाई देने लगा है।

आपको याद होगा कि तकरीबन छह साल पहले जब अजय जडेजा का नाम बड़ी शिद्दत के साथ माधुरी दीक्षित के साथ लिया जा रहा था, उन्हीं दिनों एक छोटी सी खबर यह भी छपी थी कि आजकल अजय जडेजा रवीना टंडन के साथ भी खूब देखे जा रहे हैं। हकीकत में यह बात कोई अफवाह नहीं, बल्कि सच्ची खबर थी। यह बात तो फिल्म इंडस्ट्री का बच्चा-बच्चा जानता है कि रवीना और अजय जडेजा बहुत अच्छे दोस्त भी हैं और यहां पर भी अजय जडेजा की दोस्ती ने ही अपना रंग दिखाया था। जडेजा ने ही तो रवीना टंडन और राहुल द्रविड़ के बीच दोस्ती करवाई थी।

दोनों के बीच दोस्ती तो हो गई पर बातचीत का सिलसिला ज्यादा दिनों तक फिर भी जारी नहीं रह सका। हालांकि दोनों के पास एक दूसरे के फोन नंबर थे। तकरीबन दो साल भर पहले रवीना एक कन्नड फिल्म की शूटिंग के सिलसिले में जब बंगलौर में थी तभी उसने एक दिन द्रविड़ को फोन कर दिया। फोन का करना था कि शाम को द्रविड़ एक शानदार होटल में हाजिर हो गए थे। वहां पर दोनों ने करीब चार घंटे तक बातचीत की और रात एक बजे गुड नाइट कह कर अलग हो गए। उन दिनों द्रविड़ भी खाली थे और रवीना के

पास भी शूटिंग के अलावा कुछ काम नहीं था, ऊपर से अनजान शहर। इन्हीं सब बातों ने दोनों के बीच मुलाकातों का दौर बढ़ा दिया और यहीं से ही दोनों के दिल में कुछ-कुछ होने लगा। पहले दिल के तार हिले और फिर....।

इसी बीच राहुल द्रविड़ के उस एक दोस्त को भनक लग गई जो न तो क्रिकेटर है और न ही फिल्मी हीरो। वह बंगलौर के एक मशहूर रईस का बेटा है और देर रात तक होटलो में मस्ती करना ही उसका मुख्य पेशा है। उसी ने ही तो इन दोनों को सबसे पहले पकड़ा था। जब उसने राहुल से इस बाबत पूछा तो राहुल बोला-'कुछ नहीं यार, हम सिर्फ दोस्त है और कुछ नहीं।' इस पर जैसे ही उस रईस ने यह कहा कि तुम दोनों को तो होटल के एक बैरे ने प्यार की बातें करते सुना है। यह सुनते ही वह आग बबूला हो गया और बोला-'प्लीज उसके (रवीना) के बारे में ऐसी घटिया बातें मत करो। पहले से ही वह दुःखी है।'

इतना कहने के साथ ही राहुल द्रविड़ ने अपने दोस्त को बताया कि शायद तुम्हें पता नहीं है कि उसका (रवीना) दिल टूट गया है। उसके सच्चे आशिक अक्षय कुमार ने उसे बड़ा तगड़ा धोखा दे दिया है और उसने टिंवकल खन्ना से शादी कर ली है। इन्हीं सब बातों से वह बहुत दुःखी है। इन्हीं सब बातों को ध्यान में रखकर ही मैं एक दोस्त के रूप में ही उसकी मदद कर रहा हूं। मैं तो जन सेवा कर रहा हूं और अपनी दोस्त की मदद कर रहा हूं और तुम हो कि मुझ पर ही शक कर रहे हो। ऐसा ठीक नहीं है। आखिर शराफत की भी कोई हद होती है।

उस दिन तो श्री राहुल द्रविड़ अपने उस दोस्त को तगड़ा भाषण दे डाला था और रवीना ने भी इस संदर्भ में किसी से कुछ नहीं कहा था। फिल्म की शूटिंग खत्म कर वह मुंबई वापस आ गई और राहुल भी क्रिकेट खेलने में व्यस्त हो गया। उन्हीं दिनों आस्ट्रेलिया की टीम भारत के दौरे पर आई हुई थी। राहुल इधर मशगूल हो गया। इस दौरान दोनों ने किसी से भी कोई संपर्क नहीं किया। न राहुल ने रवीना की फिल्मी शूटिंगों में कोई दखलंदाजी की और न रवीना ने राहुल की क्रिकेट में कहीं से कोई व्यवधान डालने की कोशिश की, पर दोनों के दिल का हाल बेहाल था। दोनों बेचैनी की जिंदगी जी रहे थे। इसके अलावा तब कर भी क्या सकते थे।

उधर दूसरी ओर जब प्यार और शादी के संदर्भ में रवीना टंडन से बात की गई तो वह बोली कि इस भागमभाग जिंदगी में मैं कैसे प्यार करने का समय निकाल सकती हूं और जब प्यार नहीं करूंगी, तो क्या खाक शादी हो पाएगी।

वैसे भी अब मैं प्यार-व्यार, शादी-वादी के बाबत कुछ सोच ही नहीं पाती हूं। क्या करूं समय ही नहीं मिलता है।

रवीना अपनी बात जारी रखते हुए कहती हैं कि आप सब लोग यह बात तो जानते ही हैं कि मैं अपना प्यार नहीं पा सकी हूं। मेरा प्यार तो कोई और उड़ा ले गया है। अब ऐसे में जबकि मैं बहुत व्यस्त हूं, और मेरे पास कतई समय भी नहीं है, तो भला मैं कैसे प्यार के मोहजाल में फंस सकती हूं। इस वक्त तो प्यार किया ही नहीं जा सकता है, क्योंकि जब समय होगा तभी तो प्यार हो पाएगा। मेरे पास समय है नहीं और प्यार जब किया जाता है या हो जाता है तब समय की दरकार बहुत होती है।

तब रवीना ने आगे कहा था कि मैं इन सब लफड़ों में फंस कर देख चुकी हूं और इस बार म ऐसे लफड़ों में कतई नहीं फसूंगी। अब तो मैं अपने कैरियर और अपने ऊपर ही समय खर्च करूंगी और इसी हिसाब से मैंने अपना टाइम मैनेजमेंट भी किया है। नो लफड़ा ऐट ऑल। इन सब बातों के दौरान ही उनसे जब यह पूछा जाता है कि अब तो उम्र भी बढ़ रही है। कब तक अकेली रहेंगी। यह सुनते ही वह थोड़ा भावुक-सी हो जाती हैं और मुंह तो झुका लेती हैं पर कुछ बोलती नहीं है। वैसे हाल ही में उन्होंने रवि थडानी से ब्याह किया है और इन दिनों मां बनने की तैयारी क़र रही है।

मजे की बात तो यह है कि राहुल द्रविड़ भी नकारते रहे हैं रवीना से अपनी इश्क की बातों को और रवीना भी लगभग यही रुख अख्तियार करती रही हैं, लेकिन पिछले दिनों ये दोनों एक ऐसे मौके पर रंगे हाथ पकड़ गए कि पूछिए मत। यह बात तो हम सबको अच्छी तरह से याद है कि जब भारतीय क्रिकेट टीम सन् 2002 में दक्षिण अफ्रीका के दौरे पर जा रही थी तब मुंबई में एक बड़ी जोरदार पार्टी का आयोजन किया गया था। यह पार्टी भारतीय टीम के सम्मान में दी गई थी और इस पार्टी में ही तो पहुंच कर रवीना टंडन ने अपने और द्रविड़ के इश्क का भंडाफोड़ कर डाला था और इसी मौजूदगी के साथ ही किस्से कहानियों का दौर भी चल निकला था कि दोनो के बीच क्या कुछ खिचड़ी पक रही है।

यही नहीं, दो दिन बाद ही भारतीय क्रिकेट टीम के कप्तान सौरव गांगुली ने भी मुंबई में एक और बढ़िया पार्टी दी थी, पर इस पार्टी में कुछ गिने-चुने लोग ही थे। अचानक रवीना टंडन ने पार्टी में पहुंचकर सबको न सिर्फ चौंकाया था बल्कि हतप्रभ कर डाला था और यही वह पार्टी है जिसने इन दोनों के सीरियस अफेयर की गवाही भी दे दी थी। दोनों एक दूसरे के बहुत करीब आ

चुके थे यह भी तय था। अगर ऐसे में उनके ब्याह-शादी की बातें हो रही थीं तो उसमें गलत क्या था। प्यार किया है तो डरना क्या। शादी हो जानी चाहिए थी। वैसे एक बात तय थी कि अगर यह शादी हो गई होती तो भारतीय क्रिकेट टीम का एक और सुपर स्टार फिल्म नगरी पर कुर्बान हो जाता।

उन दिनों एक तरफ तो रवीना टंडन और राहुल द्रविड़ की प्रेम कथा के किस्से चल रहे थे, तो दूसरी तरफ अपने कप्तान साहब यानी सौरव गांगुली का भी दिल सांय-सांय कर रहा था। हालांकि अब तो वह एक बेटी के बाप भी बन गए थे और तब उन्हें अपनी पत्नी डोना के अलावा किसी अन्य लड़की के बारे में सोचना भी नहीं चाहिए था, पर क्या करें दिल था कि मानता नहीं।

यह बात हम सब जानते हैं कि सौरव मियां अपना दिल सिने तारिका नगमा पर कुर्बान कर बैठे थे। इन दिनों की प्रेम कथा के तो तमाम किस्से पिछले बरस हवा में तैरे थे। ये दोनों तो दक्षिण भारत के उस महापवित्र मंदिर के भी दर्शन कर आए थे, जिसके बारे में मान्यता भी है कि जो प्रेमी युगल वहां के दर्शन कर लेता हैं, उसकी शादी जरूर हो जाती है। पर नगमा और सौरव विवाह के बंधन में नहीं बंध पाए। ऐसा हमें क्यों आपको भी लगता है। अंदर की बात क्या है, नहीं मालूम।

बहरहाल, पिछले कई महीनों से इनकी कोई भी खबर हमें नहीं मिल रही थी। दोनों जुदा भी तो थे और यह बात भी कोई प्रेम रोगी ही बता सकता है कि जुदाई कितनी दुखदाई होती है। प्रेम की भावनाएं भी रातों-रात नहीं मरती हैं। ऊपर से पत्नी डोना और मां-बाप का दबाव। इन्हीं सब बातों के चलते सौरव भाई शांत तो हो गए, पर उनका बेचारा मन कुलबुलाता रहता था, पिछले दिनों जैसे ही मौका मिलता था, वह नगमा से मिलने पहुंच जाते थे। काफी गरम रही थी मुलाकातें। इस गुप्त मुलाकात को अंजाम दे कर सौरव और नगमा दोनों ने यह संदेश तो हम सबको दे ही दिया था कि आखिरकार वो क्या चाहते हैं।

मजे की बात तो यह थी कि हम में से किसी को भी कतई इस बात से आश्चर्य नहीं हुआ कि इन दोनों ने गुप्त मुलाकातें की थीं क्योंकि यह बात पिछले एक महीने से हवा में थी कि ये दोनों कई मौकों पर साथ-साथ देखे गए हैं। वैसे भी हर कोई यह बात जानता है कि प्रेमी-प्रेमिका बिछड़ भी जाएं, पर फिर से मिलते जरूर हैं। यही बात इन दोनों पर भी लागू हो गई। आखिरकार वो भी तो इंसान हैं।

हां, जब सौरव गांगुली और नगमा के बीच प्यार के पेंगें बढ़ रही थीं, तब यह सवाल पूरे देश में बड़ी शिद्दत के साथ उठा था कि क्या सौरव अपनी

खुशहाल जिन्दगी में फिर से कांटे बाएंगे और ऐसे में तो यह सवाल तब उठना लाजिमी भी था जब वह एक बेटी के बाप बन गए थे और इस प्यारी सी और दुलारी सी बिटिया ने डोना और सौरव को काफी करीब ला दिया था। ऐसे में कोई भी लड़की नहीं रिस्क लेगी अपनी भावनाओं को भड़काने में कि उसका प्रेमी उसे वापस मिले, पर नगमा ने न सिर्फ रिस्क लिया, बल्कि उसने सौरव से अपने रिश्तों की परिभाषा एक बार फिर से गढ़ दी। उससे मिली, बल्कि एकांत में ऐसी गुप्त और गरमागरम मुलाकात भी की, जिसकी आहटें आज तक हम सबको सुनाई दे रही हैं।

मजे की बात तो यह है कि जिन दिनों सौरव गांगुली दक्षिण अफ्रीका में हेवार्ड और शान पोलाक एंड कंपनी से दो-दो हाथ करने में मशगूल थे, उन्हीं दिनों नगमा एक व्यावसायिक प्रोफेशनल कोर्स करने में मशगूल थीं। हालांकि तब भी दोनों के मोबाइल की घंटियां यदा-कदा बज ही जातीं थी।

दक्षिण अफ्रीका के दौरे पर जाने से पहले सौरव कई दिन मुंबई में ही रहे थे। कहा ये गया कि किसी विज्ञापन फिल्म की शूटिंग थी और उन्हीं दिनों तो सौरव और नगमा 'एकांत' में गरमागरम मुलाकात कर बैठे।

इस गुप्त मुलाकात के बारे में जब इन दोनों के नजदीकी लोगों से पूछताछ की गई, तो पता ये चला कि दोनों एक अरसे से सन्नाटे में मिलने के लिए बेचैन थे। चूंकि यह सन्नाटे वाली मुलाकात एक लंबी जुदाई के बाद हुई, तो स्वाभाविक है कि उस मुलाकात में सिर्फ बातें, तो नहीं ही हुई थी। सौरव के नजदीकी दोस्त का कहना था कि नगमा से इस गुप्त मुलाकात होने से पूर्व सौरव काफी अपसेट थे, क्योंकि वो इस फिल्मी बाला से कोई रिश्ता बना भी नहीं पाए थे और हंगामा भी हो गया था पूरे देश में और परिवार में। पत्नी डोना ने तो बकायदा सौरव पर निगरानी रखनी भी शुरू कर दी थी। यही नहीं, उन्हीं दिनों जब भारतीय टीम श्रीलंका गई थी, तब भी डोना सौरव के साथ थीं, जबकि वह पांच या छह माह की गर्भ से थीं। तब ऐसी महिला को ज्यादा यात्रा नहीं करने की सलाह नहीं दी जा सकती थी। और क्रिकेटर यात्राएं करते रहते हैं, यह हम सब जानते हैं। इन्हीं सब दबावों के चलते ही तो तब सौरव और नगमा की प्रेम कहानी का दुःखद अंत हो गया था। यह सब इतनी जल्दी में हुआ कि भारतीय कप्तान नगमा के समक्ष अपनी सफाई तक न पेश कर सके।

यही सब बातें थीं, जिसने अंदर ही अंदर सौरव को परेशान करके रखा था। बेचारा बड़ा उद्वेलित था कि कैसे अपनी प्रियतमा से मिला जाए। तभी तो मुंबई पहुंचते ही गुरु बैचेन हो गए। पहले फोन पर बातें हई, फिर गांगुली ने

आमने-सामने सन्नाटे में मिलने को कहा तो नगमा भी राजी हो गई।

हालांकि फोन आने से पहले तक नगमा इस अवैध रिश्ते को भूल चुकी थीं, पर क्या करें? आशिक का फोन आया नहीं कि मैडम का दिल मचल गया। तभी तो वह सौरव से मुलाकात के प्रस्ताव को ठुकरा नहीं पाईं।

'सन्नाटे' में हुई इस लंबी 'गुप्त' मुलाकात में क्या हुआ, यह तो इन दोनों के अलावा कोई भी नहीं बता सकता, पर सौरव के नजदीकी दोस्तों का कहना है कि सौरव को नगमा को यह बात आश्वस्त करवानी थी कि उसके दिल में नगमा के प्रति कोई भी गलत भावना नहीं है। मित्रों की बात पर कैसे यकीन कर लिया जाए, क्योंकि यह बात एक बार मिलकर स्पष्ट की जा सकती थी, पर सुनने में तो यह भी आया कि उसके बाद से कई मुलाकातें 'सन्नाटे' में हो चुकी हैं और मोबाइल के माध्यम से तो वे लंबी-लंबी बातें किया करते हैं। ये सब क्या है?

कहने को तो ये भी कहा जा रहा था कि सौरव ने बड़े करीने से और गुप्त तरीके से वह तथा कथित गुप्त मुलाकात की थी, पर चूंकि वह मामला लीक हो गया और मुलाकात सार्वजनिक हो गई, तभी तो वह चिल्लाते घूम रहे थे और उनके दोस्त यह सफाई देते टहल रहे थे कि ऐसा कुछ भी नहीं था। सौरव दा तो नगमा से मिले ही इसीलिए थे कि उन्हें स्पष्ट तौर पर यह बता दिया जाए कि उनके दिल में नगमा के लिए कुछ नहीं है और वह अपनी बेटी और अपनी पत्नी की कीमत पर नगमा से दोस्ती आगे नहीं बढ़ाएंगे।

मजे की बात तो तब यह भी निकलकर आई थी, जो सौरव के भाई स्नेहाशीष ने फोन पर किसी से कही है कि सौरव और नगमा की उस मुलाकात में तो नगमा ने भी स्पष्ट और साफतौर पर सौरव से कह दिया था कि वह डोना के रहते उनके साथ दूसरी पत्नी की भूमिका कतई नहीं निभा सकती।

बहरहाल, यह तो तय हो चुका था कि भारतीय क्रिकेट के दो स्तंभ-सौरव गांगुली और राहुल द्रविड़ फिल्मी बालाओं के मोह में बुरी तरह से जकड़ चुके थे। वर्तमान कप्तान अगर शादी शुदा होने के बाद नगमा के लिए प्यार के गीत गा रहे थे, तो भावी कप्तान और टीम का तब का सबसे 'चिकना' कुंआरा रवीना के मोह में इस कदर फंस चुका था कि पूछिए मत। सौरव का रिश्ता तो अवैध कहा गया था, पर द्रविड़ का? तो क्या रवीना और द्रविड़ की शादी हो जानी चाहिए थी।

कुल मिलाकर तो यही कहा जा सकता है कि क्रिकेट और फिल्मों के बीच जो चोली-दामन का साथ हमें दूर से दिखलाई पड़ता है, वह दरअसल

उतना 'सच्चा साथ' होता नहीं है बल्कि सिर्फ दोस्ती ही रहती है। यदि इस 'सच्चे साथ' में सच्चाई होती, तो रवि शास्त्री की पत्नी होतीं अमृता सिंह, संदीप पाटिल की पत्नी होंती देवाश्री राय, अजय जडेजा माधुरी दीक्षित के मिस्टर हसबेंड होते और होतीं रवीना टंडन राहुल द्रविड़ के घर की बहू। पर ऐसा हो ना सका। क्यों? यह तो आप ही बता सकते हैं।

डबल रोल - डबल फायदा

भारतीय क्रिकेट टीम के उप कप्तान राहुल द्रविड़ बहुत ही मेहनती खिलाड़ी हैं। वह विकेट के आगे भी खड़े रह कर बहुत मेहनत करते हैं, तो विकेट के पीछे भी उन्हें पूरी मुस्तैदी के साथ खड़ा होना पड़ता है। हालांकि यह काम उन्हें सिर्फ एक दिवसीय मैचों के दरमियान ही करना पड़ता है, पर वन ड़े मैचों में तो टेस्ट मैचों से ज्यादा मेहनत, चपलता और फुर्ती की दरकार होती है। वह उतनी ही चुस्ती-फुर्ती से नजर आते हैं विकेट के पीछे भी, जितनी कि एक अच्छे विकेटकीपर में होनी चाहिए। और विकेट के आगे कैसा खेलते हैं, यह तो हम जानते ही हैं। यानी दोनों ही रोल में वह फिट हैं और हिट भी। डबल रोल में डबल फायदा।

दरअसल, यह प्रयोग सन् 1999 में इंग्लैंड में हुए वर्ल्ड कप के दौरान किया गया। जिसमें मामला ठीक रहा। द्रविड़ ने जहां उस वर्ल्ड कप में सबसे ज्यादा रन बनाये थे, वही उसने विकेट के पीछे भी अच्छे ढंग से काम किया था। पर वर्ल्ड कप के बाद उन्हें इस काम से धीरे-धीरे विलग कर दिया गया। पर पता नहीं कोच जॉन राइट और कप्तान सौरव गांगुली को क्या सूझी कि उन्होंने द्रविड़ को फिर से कीपिंग करने के लिए राजी कर लिया। 2002 में इंग्लैंड में हुई नैटवेस्ट शृंखला में वह फिर से विकेट के पीछे खड़े दिखाई दिए। उस टूर्नामेंट के बाद तो पूर्व भारतीय विकेट कीपर किरण मोरे ने बाकायदा द्रविड़ को कीपिंग का प्रशिक्षण भी दिया, नतीजा सबके सामने है। तब से लेकर अब तक वह एक दिवसीय मैचों के परमानेंट विकेट कीपर बने हुए हैं। डबल रोल कर रहे हैं और डबल फायदा भी कमा रहे हैं।

कहने को तो कुछ लोग यह भी कहते हैं कि कभी-कभी कीपिंग करने के दौरान ऊर्जा का क्षरण हो जाता है और तब वह बैटिंग ठीक ढंग से नहीं कर पाते हैं। पर इस बात की शिकायत सिर्फ लोगों ने ही अब तक की है, राहुल द्रविड़ ने इस मसले पर किसी भी तरह की कोई भी शिकायत नहीं की है। वह डटे हैं, तो डटे हैं। हटे नहीं है।

इसे यूं भी कहा जा सकता है कि भारतीय क्रिकेट टीम का तो कायाकल्प ही हो गया है। जब से उपकप्तान राहुल द्रविड़ ने विकेट कीपर का चोला पहना

है तब से टीम में भी नया करेंट आ गया है और उनमें भी नए रक्त का संचार हो गया है। इंग्लैंड में सन् 2002 में संपन्न हुई नैट-वेस्ट ट्रांयगुलर श्रृंखला में भारतीय टीम के उन्नत प्रदर्शन में राहुल द्रविड़ की यह नई भूमिका निर्णायक साबित हुई। अपने इस डबल रोल में वह फिट बैठे हैं, खुद भी हिट हुए और टीम को भी हिट किया है। हकीकत में देखा जाए तो यह भी कहा जा सकता है कि इस दोहरी भूमिका में उन्हें भी दोहरा फायदा हो रहा है और टीम को भी दोहरा लाभ मिल रहा है।

ऐसा भी नहीं है कि राहुल द्रविड़ को पहली मर्तबा विकेट के पीछे खड़े रहने को कहा गया है। यह प्रयोग तो 1999 के विश्व कप में ही हो गया था, पर बाद में इस योजना को ठंडे बस्ते में डाल दिया गया था। पर बाद में इस योजना पर काम शुरू हुआ और गुप्त रूप से द्रविड़ से कहा गया कि वह अपनी कीपिंग सुधारें। इस मद में उन्होंने भारत के पूर्व विकेटकीपर किरण मोरे से बकायदा ट्रेनिंग भी ली। इसी ट्रेनिंग का लाभ अब हमें देखने को मिल रहा है। वह अब पहले से बेहतर विकेट कीपिंग कर रहे हैं। तब से वह लगातार यह काम कर रहे हैं।

इस बाबत जब पिछले दिनों क्रिकेट टुडे ने किरण मोरे से बात की तो उनका कहना था कि द्रविड़ की आंखों और हाथों के बीच गजब का समन्वय है। उन्हें केवल अब गेंद पकड़ने के लिए या गेंद को पकड़ने के दौरान अपने घुटनों को मोड़ने की आदत डालनी होगी बस।

यही नहीं मोरे ने यह भी कहा कि अभी 2003 का विश्व कप होने में करीब 7 महीने का वक्त बाकी था। इन 7 महीनों में तो द्रविड़ की कीपिंग का स्तर बहुत ही अच्छा हो जाएगा ओर यह बात भी तय है कि जैसे-जैसे द्रविड़ की कीपिंग सुधरेगी, वैसे-वैसे टीम को भी अधिक लाभ मिलने लगेगा। मिल भी रहा है फायदा।

सिर्फ मोरे ही नहीं टीम के कप्तान सौरव गांगुली और टीम के कोच जॉन राइट भी आजकल बहुत प्रसन्न हैं। गांगुली तो साफ और स्पष्ट तौर पर यह कहते हैं कि द्रविड़ को विकेटकीपर बनाए जाने का टीम को अतिरिक्त लाभ मिल रहा है। इस स्थिति में टीम को एक अतिरिक्त बल्लेबाज तो मिलता ही है साथ ही टीम को भी संतुलन मिल जाता है। अब हमारी टीम पूर्णतया संतुलित है।

सौरव कहते हैं- 'मैं तो खुद हतप्रभ हूं इन दिनों द्रविड़ की बल्लेबाजी को देखकर वह बहुत ही उम्दा बल्लेबाजी कर रहे हैं। नेट-वेस्ट ट्रॉफी में तो उन्होंने

कमाल ही कर दिया। विशेषकर श्रीलंका के खिलाफ जिस मैच में उन्हें 'मैन आफ द मैच' चुना गया, वह पारी तो असाधारण थी, लाजवाब थी।

उन्होंने तो स्पष्ट रूप से यह स्वीकारा कि टीम में जो नए बदलाव हुए हैं, उसका फायदा टीम को बहुत मिल रहा है और जैसी क्रिकेट इस वक्त अपनी टीम खेल रही है, यदि ऐसा ही प्रदर्शन जारी रहा तो तय मानिए कि यही टीम एक दिवसीय क्रिकेट में एक नया इतिहास रच देगी।

मिस्टर भरोसेमंद, मिस्टर कूल के नाम से मशहूर राहुल द्रविड़ ने सचमुच में अपने इन नामों को सार्थक कर दिया है। नेट-वेस्ट ट्रॉफी के मुकाबलों को ही लें, तो शुरुआती 4 मैचों में ही द्रविड़ ने 3 में अर्द्धशतक बना दिया था।

इंग्लैंड के खिलाफ पहले मैच में उसने 86 गेंदों पर 73 रन बनाए और अविजित रहे। इस मैच में उन्होंने कीपिंग करते हुए इंग्लैंड के 2 कैच भी लपके और 1 की स्टंपिंग भी की। दूसरा मैच जो श्रीलंका के खिलाफ खेला गया, उसमें उसने सिर्फ 8 रन बनाए, पर विकेट के पीछे 3 कैच लपकने में कामयाब रहे। तीसरा मैच फिर इंग्लैंड के खिलाफ हुआ। इस मैच में भी द्रविड़ ने उम्दा बल्लेबाजी की और 117 गेंदों पर 82 रन बनाए। इस मैच में वह एक विकेटकीपर के रूप में कमाल नहीं दिखा सके, क्योंकि यह मैच बारिश की भेंट चढ़ गया। चौथा मैच श्रीलंका के खिलाफ बर्मिंघम में खेला गया, जहां फिर उनका बल्ला चमका। टीम हार के कगार पर जा पहुंची थी। तब द्रविड़ ने न सिर्फ टीम को हार से निकाल कर बाहर किया बल्कि विजय पथ पर भी अग्रसर किया। द्रविड ने 64 रन बनाए। भारत ने मैच जीता और द्रविड़ बने मैन ऑफ द मैच। इस मैच में विकेटकीपर के रूप में सिर्फ वह एक कैच ही लपक सके।

मजे की बात तो यह है कि द्रविड़ के साथ किया गया यह प्रयोग सिर्फ टीम को ही नहीं, बल्कि द्रविड़ को खुद भी बहुत भा रहा है, तभी तो वह कह भी रहे हैं कि विकेट कीपिंग करने के बाद से मेरी बल्लेबाजी में भी ताजगी आ गई है। रवानगी आ गई है। हकीकत यह है कि मैं इन दिनों अपने खेल का असली लुफ्त उठा रहा हूं। मुझे इस नई भूमिका में मजा आ रहा है। आनंद आ रहा है। ऐसे में जब टीम जीतती है तो और भी मजा आता है। प्रसन्नता होती है।

वैसे भी भारतीय टीम में एक बल्लेबाज ऐसा है, जो जहां तक उपयोगिता और रन बनाने को सवाल है, सचिन तेंदुलकर से किसी तरह कम नहीं है। इसी तरह आकर्षक बल्लेबाजी के मामले में तो वह सौरव गांगुली से बीस होगा,

उन्नीस नहीं। अगर भरोसे के साथ बल्लेबाजी की बात करें तो वह तेंदुलकर और गांगुली दोनों से बेहतर है। इसके बावजूद क्या वजह है कि इस बल्लेबाज को तेंदुलकर और गांगुली के बराबर चर्चा नहीं मिलती और थोड़े-थोड़े समय के बाद अपने आपको क्रिकेट का जानकार कहने वाले उसकी उपयोगिता पर सवालिया निशान लगाते रहते है। ऐसा क्यों है कि बार-बार उसे यह साबित करने के लिए कहा जाता है कि वह बेमिसाल रिकार्ड के बूते ही भारत की टीम में आने का हकदार है।

आपका अंदाजा सही है। हम यहां बात कर रहे हैं 'मिस्टर कूल' की यानी द्रविड़ क़ी। टेस्ट क्रिकेट हो या एकदिवसीय द्रविड़ इस समय देश क़े ही नहीं विश्व के सबसे सफल बल्लेबाजों में से हैं। वह ऐसा बल्लेबाज़ है जिसका विकेट लेना विपक्षी गेंदबाजों को तेंदुलकर और गांगुली से ज्यादा मुश्किल लगता है। तेंदुलकर फिर भी तेजी के जोश में अपना विकेट गंवाते हैं और अब उनके प्रदर्शन में पहले जैसी स्थिरता नहीं रही। गांगुली शार्ट पिच गेंद को बहुत आत्मविश्वास के साथ नहीं खेलता। ऐसी कोई कमजोरी द्रविड़ की बल्लेबाजी में नहीं दिखती। फिर भी जिस तरह गावस्कर की मौजूदगी में वेंगसरकर और गुंडप्पा विश्वनाथ को शानदार पारियां खेलने के बावजूद चमकने का मौका नहीं मिला वही अब तेंदुलकर और गांगुली की मौजूदगी में राहुल द्रविड़ के साथ हो रहा है।

विशेषज्ञ अक्सर कहते हैं कि भारतीय बल्लेबाजों की सबसे बड़ी कमजोरी यह है कि वे टीम के लिए नहीं, अपने लिए खेलते हैं इसलिए कोई भी अच्छा प्रदर्शन बल्लेबाज को सिर्फ इतनी तसल्ली देता है कि उसने अपना काम पूरा कर लिया। कोई भी माइकल बेवन की तरह से अपनी टीम को जीत के मुकाम तक पहुंचाकर तसल्ली नहीं लेता। यहीं वजह है कि ढेरों ऐसे एकदिवसीय मैच है जिनमें भारत जीत के करीब पहुंच कर भी जीत नहीं सका। बल्लेबाजी को लेकर इतना अविश्वास है।

लाड्र्स में सन् 2002 की नेट-वेस्ट श्रृंखला के पहले मैच को देखिए। हालांकि वीरेन्द्र सहवाग और सौरव गांगुली ने भारत को एक अच्छी शुरुआत दी लेकिन जब गांगुली, तेंदुलकर, सहवाग और मोंगिया के विकेट जल्दी जल्दी गिर गए तो भारतीय पारी संकट में नजर आने लगी। ऐसे में राहुल द्रविड़ ने शुरू में पारी को जमाने वाले बल्लेबाज की भूमिका निभाई और जब उसे यह भरोसा हो गया कि दूसरे सिरे पर युवराज की मौजूदगी में टीम सुरक्षित है तो रन बनाने में वह युवराज के से पीछे नहीं रहा। खास बात यह है कि द्रविड़

को 40-50 रन बनाकर तसल्ली नहीं हुई क्योंकि अगर ऐसा होता तो उसका अपना काम पूरा हो जाता, लेकिन ऐसी कोई गारंटी नहीं थी कि बाकी बल्लेबाज भारत को जीत के मुकाम तक पहुंचाते। द्रविड़ ने भारत को जीत तक पहुंचाया और 84.88 के स्ट्राइक रेट के साथ 86 गेंदों में आउट हुए बिना 73 रन बनाए। भारत ने जीत के लिए 272 रन का लक्ष्य सिर्फ 4 विकेट खो कर हासिल कर लिया।

राहुल के रिकार्ड के मद्देनजर बार-बार क्रिकेट में उसकी उपयोगिता पर सवाल उठाने पर हैरानी होती है। नेट-वेस्ट शृंखला के 31 दिसंबर 2004 तक यानी बांग्लादेश के खिलाफ खेले गए वन डे मैचों तक राहुल द्रविड़ ने 245 एकदिवसीय अंतर्राष्ट्रीय मैचों में 7791 रन बनाए हैं। वह भारत का चौथा सबसे सफल बल्लेबाज है और उससे ज्यादा रन सिर्फ सौरव गांगुली (9914), मोहम्मद अजहरुद्दीन (9738) और सचिन तेंदुलकर (13518) ने बनाए हैं। यह ठीक है कि तेंदुलकर और गांगुली के मुकाबले में सैकड़े बनाने में द्रविड़ पीछे रह गया लेकिन ध्यान देने वाली बात यह है कि अजहरुद्दीन ने 334 मैच में मात्र 7 सैकड़े बनाये हैं। भला किस तरह कम है राहुल द्रविड़ की उपयोगिता।

एकदिवसीय क्रिकेट में स्ट्राइक रेट बहुत महत्व रखता है और यहां भी द्रविड़ की स्थिति कमजोर नहीं है। इस समय उसकी बल्लेबाजी का स्ट्राइक रेट 68.61 है और मौजूदा टीम में सिर्फ तेंदुलकर और गांगुली का स्ट्राइक रेट उससे बेहतर है। यहां ध्यान देने की बात यह है कि तेंदुलकर और गांगुली दोनों ने एकदिवसीय अंतरर्राष्ट्रीय क्रिकेट में अपने क्रिकेट जीवन का एक बड़ा हिस्सा सलामी बल्लेबाज के तौर पर बिताया है और पारी शुरू करने वाले बल्लेबाज पर यह दबाव तो रहता है कि यह टीम को अच्छी शुरुआत दे लेकिन टीम की स्थिति का दबाव उस पर नजर नहीं आता। दूसरी तरफ जब राहुल द्रविड़ बल्लेबाजी करने के लिए आता है तो उसे मालूम ही नहीं होती कि टीम की स्थिति क्या होगी। ऐसे में अगर एक-दो विकेट जल्दी-जल्दी गिर जाएं तो वह दबाव में आ जाता है। लार्डस में इंग्लैंड के खिलाफ मैच को ही देख लीजिए। वहां जब राहुल बल्लेबाजी करने आया तो जल्दी-जल्दी 4 विकेट गिरने से भारत की स्थिति कोई बहुत अच्छी नहीं थी।

इस समय तक राहुल द्रविड़ ने सही मायने में 'टीम मैन' की भूमिका निभाई है और टीम की जरूरत के हिसाब से उसकी बल्लेबाजी का क्रम बल्लेबाज होने के बावजूद राहुल द्रविड़ को न सिर्फ नंबर 3 का बल्लेबाज बनाया गया, बल्कि उसे पारी की शुरुआत के लिए भी कहा गया। आपको यह

जानकर हैरानी होगी कि राहुल द्रविड़ इस समय भारत का अकेला ऐसा बल्लेबाज है जिसने नंबर 3 की स्थिति पर खेलते हुए एकदिवसीय अंतर्राष्ट्रीय क्रिकेट में 3000 रन बनाए हैं।

इस स्थिति में राहुल द्रविड़ की रिकार्ड 88 मैच में 40.50 की औसत से 3321 रन है। मजे की बात यह है कि राहुल द्रविड़ ने अपनी सभी 7 सैकड़े नंबर 3 पर बल्लेबाज के रूप में ही खेलते हुए बनाए हैं और उसके 37 में से 20 अर्द्धशतक तब बने हैं जब उसने नंबर 3 पर बल्लेबाजी की। उसके बाद अजहरुद्दीन (68 मैच में 2036) और नवजोत सिंह सिद्धू (59 मैच में 1850) का नंबर है। क्या यह हैरानी की बात नहीं कि नंबर 3 बल्लेबाज के तौर पर ऐसे अच्छे रिकार्ड के बावजूद द्रविड़ को नियमित तौर पर नंबर 3 पर खेलने नहीं दिया गया।

द्रविड़ ने भी टीम के जरूरत के हिसाब से कभी भी यह जिद नहीं कि कि वह किस नम्बर पर खेलेगा। उसका काम सिर्फ इतना है कि वह टीम के लिए भरोसे का बल्लेबाज साबित हो और टीम को मैच जिताने में मदद दे। देख लीजिए की लार्ड्स में इंग्लैंड के विरुद्ध राहुल द्रविड़ ने यही तो किया। इस समय द्रविड़ नम्बर 5 पर खेल रहा है तो यहां भी वह कामयाबी के पायदान पर धीरे-धीरे आगे बढ़ रहा है। अब तक नंबर 5 पर खेलते हुए वह 21 मैच में 518 रन बना चुका है। नंबर 5 बल्लेबाज के तौर पर भारत के लिए इससे बेहतर औसत सिर्फ अजय जडेजा (35.62) और संजय मांजरेकर (39.21) का है।

एक बात और। इस समय द्रविड़ टीम को संतुलन देने के लिए एक बहुत बड़ी जरूरत को पूरा कर रहा है। भारत एकदिवसीय क्रिकेट के लिए एक ऐसे विकेटकीपर की तलाश लंबे समय से कर रहा था, जो न सिर्फ अच्छी विकेट कीपिंग करे, बल्कि टीम के लिए जरूरी रन बनाए। अन्य सभी टीमें अपने विकेटकीपर के आलराउंड प्रदर्शन की बदौलत भारत से बेहतर साबित हो रही थी। उदाहरण के लिए श्रीलंका के लिए कालूवितर्णा, इंग्लैंड के लिए एलक स्टुअर्ट, वेस्टइंडीज के लिए रिंडले जैकब्स, जिम्बाब्वे के लिए एंडी फ्लावर,. आस्ट्रेलिया के लिए एडम गिलक्रिस्ट, पाकिस्तान के लिए रशीद लतीफ और दक्षिण अफ्रीका के लिए मार्क बाउचर सही मायने में ऑलराउंडर ही तो हैं । यें सभी अपनी टीम में एक शुद्ध बल्लेबाज के तौर पर खेलने के भी हकदार है। भारत को भी यही भूमिका निभाने वाले एक विकेटकीपर की तलाश थी, लेकिन तरह-तरह के प्रयोग इस मामले में कामयाबी नहीं ला पाए।

हालांकि शुरू में राहुल द्रविड़ ने भी यही कहा कि वह विकेटकीपर नहीं बनना चाहता। पर अब टीम की जरूरत को ध्यान में रखते हुए उसने विकेटकीपर बनने की बात मान ली और उसके विकेटकीपर बनने से ही भारत भारत मैच में एक अतिरिक्त बल्लेबाज/गेंदबाज खिलाने की स्थिति में पहुंचा। यह संतुलन अगले साल के विश्व कप में भारत के बहुत काम आएगा। इतनी हैरानी की बात है कि राहुल द्रविड की विकेटकीपर बनने की सहमति को कुछ विशेषज्ञों ने राहुल द्रविड़ की टीम में बने रहने की कोशिश का नाम दे दिया, क्योंकि टीम में उसकी जगह खतरे में थी। अब तक यानी लार्ड्स में हुए नेट-वेस्ट ट्रॉफी के दूसरे मैच तक विकेटकीपर के तौर पर राहुल द्रविड 50. 73 की औसत से 558 रन 15 मैच में बना चुका है। वह आज तक भारत का अकेला ऐसा विकेटकीपर है जिसकी बल्लेबाजी का औसत 50 से ज्यादा है। विकेटकीपर के तौर पर 15 मैच में वह 2 सैकड़े बना चुका है।

कुल मिलाकर तो यही कहा जा सकता है कि राहुल नई भूमिका में एकदम फिट है और हिट भी। इस नई भूमिका ने टीम का बहुत भला किया है। इंग्लैंड में सम्पन्न हुई नेट-वेस्ट ट्रॉफी में राहुल ने जैसा खेल दिखाया है उसकी प्रशंसा होनी ही चाहिए। सर्वत्र होनी चाहिए। वह प्रशंसा का असली हकदार है।

सिर्फ नेट-वेस्ट ट्रॉफी हीं नहीं उसके बाद से भी वह लगातार अच्छा काम कर रहे हैं। हालांकि बीच में एक बार यह जुमला हवा में उतरा था कि सन् 2003 के वर्ल्ड कप के बाद द्रविड़ कीपिंग नहीं करेंगे, पर इस जुमले की भी समय पूर्व ही हवा निकल गई, क्योंकि ना तो इस मसले पर उपकप्तान राहुल द्रविड़ ने ही गौर फरमाया और ना ही कोच सर जॉन राइट से ही। वैसे भी उनके विकेटकीपर रहने से टीम का बहुत फायदा होता है। टीम संतुलित हो जाती है। जब ऐसा है और हो रहा है, तो चीजों को भला क्यों छोड़ा जाए। चलने दिया जाए। वह डबल रोल कर रहे हैं, तो करने दिया जाए। इससे अपनी टीम को यदि फायदा मिल रहा है तो द्रविड़ साहब भी तो लाभान्वित हो रहे हैं।

परिवार और शुरुआती दिन

राहुल द्रविड़ का जन्म 11 जनवरी 1973 को इंदौर में हुआ था। उन्होंने अपना पहला रणजी ट्रॉफी मैच 2 फरवरी 1991 में 18 साल 21 दिन की उम्र में खेला था, जबकि पहला टेस्ट मैच वह खेले थे 20 जून 1996 को इंग्लैंड के खिलाफ लाड्र्स में तब उनकी उम्र थी 23 साल पांच महीने। पहला वन डे मैच राहुल ने श्रीलंका के खिलाफ सिंगापुर में सिंगर कप के दौरान खेला था 3 अप्रैल 1996 को।

जहां तक राहुल द्रविड़ के परिवार का सवाल है तो हम यह कह सकते हैं कि राहुल विशुद्ध ब्राह्मण परिवार से हैं और यज्ञोपवीत भी धारण करते हैं। उनके दादा श्री विश्वनाथ हरिदास ग्वालियर के विक्टोरिया कालेज में संस्कृत के आचार्य थे। उनके सात पुत्र और चार पुत्रियां थीं। राहुल के पापा शरद द्रविड़ हरिदास जी के पांचवे नंबर के बेटे थे। वह बड़े हुए तो उनकी स्कूली शिक्षा इंदौर में ही हुई। राहुल की मां पुष्पा द्रविड़ एक रूढ़िवादी महाराष्ट्रियन परिवार से हैं। राहुल जी के ताऊ के. वी. द्रविड़ ही घर में क्रिकेट को पनपाने के सच्चे प्रेरणास्त्रोत बने। पहले वे होल्कर के लिए क्रिकेट खेले और बाद में सेना में गए। यही नहीं बाद में राहुल के पापा ने भी क्रिकेट खेली और वह भी अच्छे क्रिकेटर बने। उस जमाने में उनकी दोस्ती बोर्ड के पूर्व अध्यक्ष राजसिंह डूंगरपुर से भी हो गई थी। जो आज भी बरकरार है।

1965 में शरद द्रविड़ बंगलौर शिफ्ट कर गये। वहां वह किसान कंपनी में असिस्टेंट मैनेजर के रूप में काम करने लगे। 1967 में उनकी शादी पुष्पा से हो गयी। बाद में वह भी बंगलौर में ही नौकरी करने लगीं। वह वहां विश्वेसरैया कॉलेज ऑफ इंजीनियरिंग में प्रवक्ता हो गई जहां उन्होंने 2001 तक नौकरी की। वह बहुत बड़ी चित्रकार भी है। उनकी तो कई शहरों में प्रदर्शनी भी लग चुकी है।

आम बच्चों की तरह राहुल ने भी पहले घर में क्रिकेट खेलनी शुरू की। बाद में वह गली में शुरू हो गए। फिर तो सिलसिला बढ़ता ही गया। शुरुआती दिनों में राहुल द्रविड़ की कर्नाटक के मशहूर विकेटकीपर सदानंद विश्वनाथ ने बहुत मदद की थी। उनका छोटा भाई तो राहुल का दोस्त भी बन गया था।

शुरुआती दिनों में राहुल ने सिर्फ शौकिया क्रिकेट ही खेली थी। पर एक दिन पापा ने जब उससे कहा कि गर्मियों की छुट्टियों में एक कैंप लग रहा है क्रिकेट का, चाहो तो उस कैंप में जा कर ट्रेनिंग ले लो। काफी मदद मिल जाएगी। तब 13 साल की उम्र में राहुल ने पहली बार नेट पर जा कर क्रिकेट खेली थी। उसके बाद से तो उनकी क्रिकेट यात्रा निर्बाध गति से आगे ही बढ़ती चली गई।

इधर तीसरी कक्षा तक उनकी पढ़ाई सेंट एंथोनी पब्लिक स्कूल में हुई। बाद में वह सेंट जोसेफ ब्वायज स्कूल में शिफ्ट कर दिए गए। यह बंगलौर का काफी नामी स्कूल रहा है। सामान्य स्कूलों की तरह यहां पर भी खेल के लिए माहौल काफी माकूल था। धीरे-धीरे वहां भी क्रिकेट में राहुल ने हाथ आज़माने शुरू कर दिए। धीरे-धीरे राहुल की रुचि इस खेल के प्रति बढ़ने लगी, तो उन्हें अच्छे गुरु भी मिलने शुरू हो गए। पूर्व रणजी खिलाड़ी जनम हुसैन ने उन्हें क्रिकेट की शुरुआती जानकारी दी थी। श्री हुसैन ने राहुल को दो सालों तक क्रिकेट का ककहरा सिखाया था। दरअसल, ये वही दो साल थे जिन्होंने राहुल को क्रिकेट की तरफ लगभग मोड़ सा दिया था। धीरे-धीरे वह अच्छे मैचों में भी उतरने लगे थे।

जब तक राहुल द्रविड़ दसवीं कक्षा तक पहुंचे तब तक तारापोर साहब स्कूल के क्रिकेट कोच बन कर आ गये थे। यही तारापोर साहब ही राहुल के सच्चे गुरु थे। उसी दौरान ही राहुल की रुचियां बदलती चली गई। कुछ दिन उन्होंने विकेट कीपिंग भी की और उन्हें लगने गला था कि वह अच्छे विकेट कीपर भी बन सकते हैं। उसी दौरान विकेट कीपिंग की जो ए बी सी डी उन्होंने सीखी थी वहीं आज उस वक्त काम आ रही है जब वह भारतीय की तरफ से एक दिवसीय मैचों में विकेट कीपिंग करते हैं।

1986 में लग रहा था कि राहुल विकेट कीपर ही बन जाएंगे, पर धीरे-धीरे वह इस तरफ से विमुख होते चले गए। हालांकि उन दिनों राहुल द्रविड़ की छवि विकेट कीपर बल्लेबाज के रूप में बनने भी लगी थी। पर उनके कोच तारापोर साहब के दिमाग में कुछ और ही गुजर रहा था। हालांकि कर्नाटक की अंडर 15 की टीम में जब उन्हें चुना गया तो उन्हें विकेट कीपर बल्लेबाज के रूप में ही चुना गया था। अंडर 15 के मुकाबलों में वह कीपिंग तो अच्छी कर गए, पर बैटिंग में वह पूरी तरह से फेल हो गये। अगले साल उन्होंने कीपिंग भी अच्छी की और बैटिंग भी।

तभी वह स्कूल से निकल कर कालेज में पहुंच गये। सेंट जोसेफ कॉलेज ऑफ कामर्स में वह चले गये। वहां की टीम बहुत मजबूत थी। उसका चयन

होना तक मुश्किल हो रहा था। टीम का कप्तान ही स्वयं विकेट कीपिंग करता था। ऐसे में राहुल ने सबसे पहले कीपिंग करनी बंद की और बैटिंग के लिए ज्यादा समय नेट पर गुजारने लगा।

धीरे-धीरे स्थितियां बदलने लगीं और वह बैटिंग के माध्यम से ही स्थापित होने लगे। उनकी छवि एक बेहतरीन बल्लेबाज की तो थी ही, साथ ही उन्हें वैकल्पिक विकेटकीपर के रूप में भी मान्यता मिलती चली गई। टीम में भी चयन आसान होता चला गया। पहले रणजी ट्राफी, दिलीप ट्रॉफी में खेले। नए लड़कों की टीम के साथ इंग्लैंड का दौरा किया। . . . और फिर भारतीय टीम में आ गया। तब से क्रिकेट की यह अनंत यात्रा जारी है।

वैसे यह बात बहुत ही कम लोगों को मालूम है कि एक बार घर पर उन्हें इस बात की सख्त हिदायत दी गई थी कि वह क्रिकेट तभी तक खेल सकते हैं जब तक कि उनकी पढ़ाई पर इसका प्रभाव न पड़े। यानी कि पढ़ाई में नंबर कम हुए नहीं कि क्रिकेट पर ताला लगा। ऐसे में राहुल ने बहुत अच्छे ढंग से अपनी समय सारिणी तय की थी। थोड़ा सा भी खाली समय उन्हें मिलता था, वे पढ़ाई में व्यस्त हो जाते थे। यहां तक कि बस में यात्रा करने के दौरान तो वह पढ़ते ही थे। मैदान पर भी जब वक्त मिलता था पढ़ने लगते थे। धीरे-धीरे स्थितियां ठीक होने लगीं और उन्होंने खेल और पढ़ाई में बड़ा जबरदस्त तालमेल बिठा लिया था।

अंडर 15 और अंडर 17 की क्रिकेट में अच्छा खेलने के कारण भी राहुल काफी लोकप्रिय खिलाड़ी बन गये थे। सबके चहेते और सबके प्रिय। इसी दौरान ही तो राहुल में क्रिकेट का जूनून सवार हो गया था और ज्यादा से ज्यादा समय क्रिकेट को देने लगे थे। इसका असर उनकी पढ़ाई पर कतई नहीं पड़ रहा था। वह वहां भी टॉपर स्टूडेंट थे। एकांउटेंसी में तो वह बहुत नंबर भी प्राप्त करते थे।

उनके बेहतरीन खेल का नतीजा यह निकला कि 18 साल की उम्र में वह कर्नाटक की रणजी ट्रॉफी टीम में भी ले लिये गए। 1991 था वह साल। उस पहले सत्र में उन्होंने दो मैच खेले और 216 रन बनाये, जिसमें एक शतक भी था। अगले सत्र में वह बहुत अच्छा खेले और पांच मैचों में उन्होंने दो शतकों सहित 380 रन बनाये, तो अगले सीजन में उन्होंने छह मैचों में 586 रन बनाये। उनका औसत रहा 83.71 रन प्रति पारी।

1993-94 के क्रिकेट सीजन में तो उन्होंने बहुत ही बढ़िया प्रदर्शन किया और कुल सात मैचों की 11 पारियों में उन्होंने 644 रन बनाये, जिसमें दो शतक

तथा चार पचासे भी थे। यही वह सीजन था, जिसने राहुल के कैरियर को बहुत ढंग से सजा भी दिया था और संवार भी दिया था। इसी सीजन में की गई बेहतरीन मेहनत बहुत काम आ गई थी। वह अब भारतीय टीम के भी दरवाजे खटखटाने लगे थे।

सिर्फ रणजी ट्रॉफी ही नहीं, उन्होंने कैरियर की शुरुआत में दिलीप ट्रॉफी में भी अच्छा खेल दिखाया था। 91-92 में दो मैचों में 54 रन बनाये थे उन्होंने। अगले दो सालों में उनकी दाल नहीं गली। पर 94-95 के सीजन में तीन मैचों में 314 रन बना कर उन्होंने चयनकर्ताओं का रुख अपनी तरफ मोड़ने में खूब कामयाबी पाई। अगला सीजन और भी अच्छा रहा और वह उस सीजन में भी सफल रहे। चार मैचों में 353 रन। यही वह प्रदर्शन था, जिसे देखकर उन्हे भारतीय टीम में आने का दावतनामा भेज दिया गया।

1996 में जब भारत में वर्ल्ड कप खेला जाने वाला था, तब उन्हें भी भारत के संभावित खिलाड़ियों में चुन लिया गया था। पर अंतिम टीम में वह नहीं आ पाए थे। पर वर्ल्ड कप के बाद ही हुए इंग्लैंड के दौरे पर वह पुनः लिए गए। उसके बाद उनका कैरियर कैसा चल रहा है, यह तो हम सब जानते ही हैं।

अब तक वह 86 टेस्ट मैच खेल चुके हैं। वह भी लगातार। 230 से ज्यादा वन डे मैचों मे वह शिरकत कर चुके हैं अब तो वह भारत के कप्तान बनने के भी करीब हैं। इतनी बड़ी सफलताओं को पाने के बाद भी वह सहज है सरल है। और डाउन टू अर्थ है। उनके पांव अभी भी जमीन पर ही हैं। हवा में नहीं है।

सन् 2003 के अंतिम दिनों में ऑस्ट्रेलिया में एडीलेड में खेले गये टेस्ट मैच में राहुल जी ने बहुत ही बढ़िया खेल दिखाया था। उस टेस्ट मैच की दोनों पारियों में उन्होंने तीन सौ से भी ज्यादा रन बनाये थे। वहां उसके स्कोर रहे थे 233 रन तथा 72 रन (नॉट आउट)। उस टेस्ट मैच में भारत जीता भी था। राहुल ने पूरे मैच में करीब 14 घंटे क्रीज पर गुजारे थे और उस मैच में उन्होंने जो बैटिंग की थी, उसकी प्रशंसा हरेक ने मुक्त कंठ से ही की थी। कप्तान सौरव गांगुली ने तो यहां तक कह दिया था कि राहुल एडीलेड में ऐसे खेल रहे थे मानों भगवान बैटिंग करने के लिए खुद अवतरित हो गये हों।

उसी मैच के बाद हुए एक इंटरव्यू के दौरान राहुल की जब तारीफ की जा रही थी, तो वह जरूरत से ज्यादा भावुक हो उठे थे तथा रोने भी लगे थे। उन क्षणों के बारे में जब राहुल के पिता जी श्री शरद द्रविड़ से बात की गई तो वह बोले कि वैसे तो राहुल कभी इतना ज्यादा भावुक होता नहीं है, पर

आसपास चूंकि माहौल भावनात्मक हो गया होगा, तभी वह रोया होगा।

शरद द्रविड़ का कहना है कि राहुल स्थितियों और परिस्थितियों से जूझना खूब जानता है और बहुत भिड़ कर खेलता भी है। यहां तक वह पढ़ाई में हमेशा अव्वल आता रहा, जबकि क्रिकेट के चक्कर में उसका काफी समय खराब हो जाता था।

उनके पापा से जब यह पूछा गया कि राहुल जब बड़ी सफलता पा लेते हैं, तब आप लोग कोई समारोह वगैरह भी करते हैं क्या? इस पर उनकी टिप्पणी थी जी नहीं। हां हम कुछ फैमिली फ्रेंड्स को घर में बुला कर सामान्य सा डिनर वगैरह कर लेते हैं बस। ऐसी कोई भी असामान्य बात नहीं होती है हमारे घर में । बिलकुल नार्मल लाइफ जीते हैं हम।

वैसे यह बात बहुत ही कम लोगों को ही पता है कि राहुल का छोटा भाई विजय भी ठीक-ठाक क्रिकेटर रहा है। पर वह कॉलेज स्तर तक ही खेल पाया है। लेकिन राहुल की क्रिकेट को सजाने-संवारने में विजय के सहयोग और योगदान को किसी भी हालत में न नाकारा ही जा सकता है और ना ही उनकी उपेक्षा की जा सकती हे।

कुल मिलाकर तो यही कहा जा सकता है कि राहुल को घर में जो अनुशासन और योजना बनाने (प्लानिंग) की शिक्षा-दिक्षा दी गई है वह उनके बहुत काम आ रही है। वैसे बच्चे बनते तो तभी है; जब उनके मम्मी-पापा भी बच्चों को पूरा समय देते हैं और उनकी हर समस्या का समाधान करते हैं। थैंक यू शरद जी और पुष्पा जी जो आपने हमे राहुल द्रविड़ दिया।

हीरो नहीं, सुपर हीरो

भारतीय क्रिकेट टीम के उपकप्तान राहुल द्रविड़ दिन-ब-दिन नई ऊंचाइयों की तरफ अग्रसर होते जा रहे हैं। पिछले साल उन्होंने हमें ये दर्शन भी करा दिए कि उनके अंदर एक बेहतरीन कप्तान भी आकार ले रहा है। पाकिस्तान और ऑस्ट्रेलिया के खिलाफ कुछेक टेस्ट मैचों में कप्तानी करके उन्होंने ये संदेश भी दिया है कि यदि उन्हें यह ज़िम्मेदारी भी दी गई तो, वह इस ज़िम्मेदारी को भी निभाने को तैयार हैं। यह बात तो हम सब जानते ही हैं कि उन्हें अब तक जितनी भी ज़िम्मेदारियां दी गई हैं, उनको उन्होंने बखूबी अंजाम दिया है। पहले उनको निम्न क्रम में खिलाया गया, वह वहां भी फिट हुए। फिर क्रम बदला गया, उसमें भी फिट। फिर कहीं जाकर नंबर तीन पर जाकर फिट हो गए और हिट भी। आज वह तीसरे नंबर पर बैटिंग करने वाले विश्व के श्रेष्ठतम बल्लेबाजों में से एक हैं वह।

इसी दौरान उनके साथ एकदिवसीय क्रिकेट में भी कई प्रयोग किये गये। पहले तो उन्हें इस लायक भी समझा नहीं गया कि वह एकदिवसीय क्रिकेट के भी लायक हैं। बाद में उन्होंने स्वयं की बैटिंग में ध्यान दिय। खैर यहां भी फिट हो गए और हिट भी। यहां उनके साथ प्रयोगों का दौर जारी ही था कि अचानक उन्हें एक और जिम्मेदारी सौंप दी गई। उन्हें विकेट के पीछे खड़ा कर दिया गया यानी श्रीमान भरोसेमंद को विकेट कीपर भी बना दिया गया। पहले तो वह जिम्मेदारी ट्रायल आधार पर ही दी गई थी, पर बाद में जब यह मामला परमानेंट होता दिखने लगा, तो राहुल द्रविड़ सैयद किरमानी और किरण मोरे की शरण में गए और उनसे विकेटकीपिंग के गुर सीखे। मेहनत की और जमकर मेहनत की। आज नतीजा सामने है। यानी वह इस नई जिम्मेदारी में फिट भी हो गए और हिट भी।

पिछले एक अरसे से वह टीम के उपकप्तान तो हैं ही लिहाज़ा गाहे-बगाहे टुकड़ों-टुकड़ों में वह कप्तानी भी करते रहे। पर सन् 2004 के प्रारम्भ में जब पाकिस्तान के खिलाफ दो टेस्ट मैचों में उम्दा कप्तानी की, तो सारा देश वाह-वाह कर उठा। यही क्रम उन्होंने सन् 2004 यानी पिछले साल के अंनिम दिनों तक दोहराया, जब कप्तान सौरव गांगुली बीमारी की वजह से खेल नहीं

रहे थे। नतीजतन ऑस्ट्रेलिया के खिलाफ भी टेस्ट मैचों में भी वह खेले। मुंबई की महान कामयाबी ने भी उनका कद काफी बढ़ाया। इससे पहले मुलतान में वह भारत को जितवा चुके थे। इस सबके चलते भी उनकी छवि में बड़ा जबरदस्त सुधार देखने को मिला। 'हीरो' तो वह पहले से थे ही, अब वह सुपर हीरो बन बैठे हैं।

राहुल द्रविड़ ने जहां हाल के वर्षों में भारतीय टीम को दक्षिण अफ्रीका, वेस्टइंडीज़ व इंग्लैंड के विरुद्ध मिलने वाली निश्चित हार से बचाया है, वहीं ऑस्ट्रेलिया, श्रीलंका, इंग्लैंड व पाक के विरुद्ध अपनी जुझारु पारी की बदौलत राहुल द्रविड़ ने अपनी टीम को विजय श्री भी दिलाई है। ऑस्ट्रेलिया के विरुद्ध गत वर्ष के अंत में एडीलेड टेस्ट में द्रविड़ ने 305 रनों (233, 72) अविजित का योगदान देकर यादगार और शानदार जीत दर्ज करवाई थी। द्रविड़ ने 835 मिनटों तक क्रीज पर रुक कर ऑस्ट्रेलियाई गेंदबाजी को बौना बना दिया था।

भारत के लिये एक टेस्ट मे इससे अधिक रन वी वी एस लक्ष्मण (340) व सुनील गावस्कर (344) ने बनाए हैं। उल्लेखनीय है कि 2000-01 में कोलकाता के मैदान पर ऑस्ट्रेलिया के विरुद्ध द्रविड़ ने शानदार 180 रन बनाकर लक्ष्मण (281) के साथ 376 रनों की साझेदारी की थी। एडीलेड में भी यही जोड़ी पुनः सक्रिय हुई। लक्ष्मण (148) के साथ द्रविड़ ने पांचवे विकेट के लिए 303 रन जोड़े। इसी साझेदारी के कारण ही तो 24 वर्षों बाद ऑस्ट्रेलियाई मैदानों पर भारतीय टीम ने सफलता के कदम चूमे।

राहुल द्रविड़ में भले ही विवियन रिचर्ड्स, सनत जयसूर्या, सहवाग जैसी आक्रमकता नहीं है। साथ ही हो सकता है कि वह लारा-तेंदुलकर की तरह कलात्मकता भी ना रखते हों लेकिन आज पूरी भारतीय टीम में ऐसा कोई बल्लेबाज नहीं है, जो कि द्रविड़ की तरह अपनी क्षमता का भरपूर सदुपयोग कर टीम को विजयी बना रहा हो। द्रविड़ पूरे मनोयोग से बल्लेबाजी कर विपरीत परिस्थितियों में पूरी तरह से खरे उतरते हैं।

सबसे बड़ी बात यह है कि जब द्रविड़ मैदान पर डटकर बल्लेबाजी कर रहा होता है तो विरोधी गेंदबाज विचलित हो जाते हैं। उनकी परेशानी का सबब होता है कि उसे किस तरकीब से 'आउट' किया जाए? अपने धैर्यपूर्वक खेल से वह हर आक्रमण को निरस्त कर देता है। तभी उसके खेल को 'दीवार' की संज्ञा दी जाती है। पाकिस्तान के दौरे पर अपनी आखिरी टेस्ट पारी (270) में रावलपिंडी के मैदान पर राहुल ने 12 घंटे 20 मिनट क्रीज पर बिताकर सभी पाक गेंदबाजों को 'रुआंसा' कर दिया था।

इस समय सचिन, सहवाग, लक्ष्मण, गांगुली व द्रविड़ भारतीय टीम के कर्णधार बने हुए हैं। लेकिन इनके बीच विगत तीन वर्षों में द्रविड़ ने आश्चर्यजनक रूप से अपना खेल के स्तर को सुधारा है। विदेशी मैदानों में द्रविड़ की ठोस बल्लेबाजी से भारतीय टीम को नया बल मिला है। विदेशी समीक्षक तो उसे भारतीय टीम का नया 'ब्रेडमैन' मानने लगे हैं। सन् 2001 में ऑस्ट्रेलिया के विरुद्ध द्रविड़ ने कोलकाता में शानदार 180 रन बनाए थे।

तत्पश्चात् 2002 में द्रविड़ ने अपनी शानदार फॉर्म का इज़हार किया था। सन् 2002 में भारतीय टीम के विरुद्ध विदेशी टीमों ने अपने मैदानों पर बड़े स्कोर बनाये थे। जॉर्जटाउन (501), नाटिंघम (617) तथा ओवल (515) इसके प्रमाण है। जिसके प्रयुत्तर में द्रविड़ ने क्रमशः 144 (नाबाद), 115 तथा 217 रनों की ठोस पारियां खेलकर भारत की ओर से जोरदार उत्तर दिया था।

सन् 2002-03 में द्रविड़ ने लगातार 4 टेस्ट शतक बनाकर नए भारतीय महानायक क्रिकेटर का आधार बना लिया था। इसमें से तीन शतक इंग्लैंड के टेस्टों में लगाए थे। विदेशी मैदानों पर उनकी पारियां किसी भी अन्य भारतीय बल्लेबाज की तुलना में अधिक जीत दिला रही हैं। 2003-04 में द्रविड़ ने हेडिंग्ले, एडीलेड तथा रावलपिंडी के मैदानों पर भारतीय जीत के लिये क्रमशः 108, 233 तथा 270 रनों का विशिष्ट योगदान दिया है।

राहुल द्रविड़ की शैली कैसी भी हो, उसके बल्ले से ढेरों रन बनते हैं। शुरू में राहुल द्रविड़ को धीमी गति से रन बनाने के कारण एकदिवसीय टीम में शामिल करने में बड़ी हिच-किचाहट रहती थी। लेकिन उसी द्रविड़ ने अपनी शैली में लचीलापन दिखाया। आजकल द्रविड़ की तीव्र गति से रन जुटाने की क्षमता का सब लोहा मानते हैं। वह अपने खूबसूरत 'कट', 'पुल' तथा 'हुक' शॉटों से दर्शकों का मनोरंजन कर दल के लिये भरपूर रन बटोर रहा है।

यही कारण है कि राहुल द्रविड़ 234 एकदिवसीय मैचों में 7490 रन (39. 40 औसत) बना चुका है। भले ही इसमें द्रविड़ ने सिर्फ 8 शतक बनाए है, लेकिन साथ में 52 अर्धशतक की उपयोगी पारियां भी खेली हैं। एकदिवसीय खेल में वह भारत की बजाय विदेशी भूमि पर दनादन रन बना रहा है। नं. तीन के क्रम पर वह मजबूत 'एंकर' का काम करता है। उसकी सुदृढ़ बल्लेबाजी से पूरी भारतीय टीम का मध्यक्रम विश्व में अति दक्ष बन गया है। सहवाग, सचिन की आतिशी शुरुआत को मध्यक्रम में द्रविड़, गांगुली, लक्ष्मण, युवराज व कैफ संवार कर दल को मजबूती प्रदान कर रहे हैं। इसमें द्रविड़ अन्य की अपेक्षा अधिक कारगर साबित हो रहा है।

राहुल द्रविड़ की 'मि. भरोसेमंद' वाली छवि आज बिल्कुल पुख़्ता हो चुकी है। लेकिन उसके क्रिकेट कैरियर में भी काफी उतार-चढ़ाव आते रहे हैं। काउंटी मैचों (इंग्लैंड) में वह 1999 (कैंट) तथा 2003 (स्कॉटलैंड) में खेला था लेकिन उत्कृष्ट प्रदर्शन नहीं कर सका था। परंतु द्रविड़ को इसका यह लाभ अवश्य हुआ कि उसे विभिन्न परिस्थितियों में खेलने का मौका मिला। साथ ही उसने अपनी खेल तकनीक की खामियों को ढूंढकर अपनी बल्लेबाजी सशक्त की थी।

वर्ष 2003-04 में ब्रिस्बेन में उस पर गेंद से छेड़खानी (गेंद पर 'सन-क्रीम' लगाने का आरोप) करने का आरोप लगा था। इससे उसे मैच की आधी फीस का जुर्माना भुगतना पड़ा। पाकिस्तान में मुलतान टेस्ट में द्रविड़ को अस्थायी कप्तानी सौंपी गई थी। टीम की जीत को तत्काल संभव बनाने के प्रयास में जब भारतीय पारी घोषित की गई तो सचिन अपने दोहरे शतक से मात्र 6 रन दूर था। मीडिया ने मामले को अकारण तूल दे दिया। लेकिन पारी समाप्ति की घोषणा को अपनी भूल समझकर द्रविड़ ने अगले दिन ही सचिन से क्षमा मांगकर स्थिति अप्रिय होने से बचा ली थी।

राहुल द्रविड़ निश्चित रूप से नई पाढ़ी के आदर्श बन चुके हैं। उन्हें दी गई 'मि. भरोसेमंद' की पदवी का सबसे बड़ा सबूत है कि उनके चार दोहरे शतक़ तो गत् 15 टेस्टों में बने हैं। शांत और सौम्य स्वभाव के द्रविड़ वक्त आने पर चुटीले संवाद तथा त्वरित उत्तर भी दे सकते हैं। हालिया पाक दौरे के दौरान लाहौर के मैनेजमेंट कॉलेज के छात्र-छात्राएं द्रविड़ के उत्तरों से मुग्ध हो गए थे लेकिन हम भारतीय तो सिर्फ राहुल द्रविड़ से सिर्फ ठोस बल्लेबाजी की 'फॉर्म' बनाए रखने की दरकार करते हैं।

विगत नौ वर्षों में राहुल द्रविड़ ने धीमे-धीमे खेल स्तर को नई ऊंचाईयां देकर रंग जमाया है। उसे जो भी जिम्मेदारी दी गई उसने उसे कारगर ढंग से अंजाम दिया है। शुरू में उसे सातवें क्रम पर बल्लेबाजी सौंपी गई थी। फिर धीरे-धीरे उसकी बल्लेबाजी का क्रम बढ़ाया गया। यहां तक कि उसे कुछ मौकों पर सलामी बल्लेबाज की भूमिका निभाने की जिम्मेदारी भी मिली। यह स्थिति टीम के सबसे सक्षम बल्लेबाज को दी जाती है जो अपने मजबूत कंधो पर दल की 'नैया' पार लगा सके। कहना ना होगा कि द्रविड़ इस जिम्मेदारी पर भी खरा उतरकर भारतीय टीम का नया हीरो बन चुका है। एकदिवसीय क्रिकेट में उसने विकेटकीपर की सक्षम भूमिका निभाई है। उपकप्तानी तो वह निभा ही रहा है, मौका पड़ने पर उसमें दक्ष कप्तान के भी दर्शन किए गये हैं।

आइए, वर्ष प्रतिवर्ष द्रविड़ की अवतरित होती मजबूत बल्लेबाजी तथा हीरो-क्रिकेटर की छवि का आंकलन किया जाए....

1995-96 में राहुल द्रविड़ ने श्री लंका के विरुद्ध सिंगर कप में एकदिवसीय मैच से अपनी अंतर्राष्ट्रीय क्रिकेट का श्रीगणेश किया था। यूं तो उसे पहला अर्द्धशतक बनाने में 10 मैच निकल गए, लेकिन घरेलू श्रृंखलाओं में उसके जोरदार प्रदर्शन से उसे नजरअंदाज नहीं किया जा सका था, अत: वह दल में बना रहा। इसी सत्र में द्रविड़ ने इंग्लैंड के विरुद्ध लॉड्र्स के मैदान पर अपना पदार्पणी मैच खेलकर 94 रन बनाए थे। इसी मैच में गांगुली ने पदार्पणी मैच में शतक जमाया था। कुल मिलाकर तो यही कहा जा सकता है कि अंतर्राष्ट्रीय क्रिकेट में उनका पहला साल उतना प्रभावी और क्रांतिकारी नहीं साबित हो पाया था, जितना क्रांतिकारी वह साल आज के भारतीय कप्तान सौरव गांगुली के लिए साबित हुआ था।

1997 में इस वर्ष द्रविड़ ने टेस्ट तथा एकदिवसीय में पहला शतक जड़ने में सफलता पाई थी। द्रविड़ का पहला टेस्ट शतक विदेशी भूमि पर (दक्षिण अफ्रीका के विरुद्ध तीसरे टेस्ट में) इसी वर्ष लगा था जबकि एकदिवसीय शतक चेन्नई में पाक के विरुद्ध 35वां मैच खेलते हुए बना था। उनकी एकदिवसीय मैचों की औसत रन संख्या इस वर्ष में 39.63 थी। लेकिन 9 अर्द्धशतकों की सहायता से टेस्ट औसत 61.50 तक पहुंच गई थी। कुल मिलाकर तो हम यही कह सकते हैं कि राहुल द्रविड़ के लिये वर्ष 1997 का साल ठीक-ठाक रहा था शुभाशुभ मिश्र फल कारक भी रहा था।

सन् 1998 में एक ऐसा भी दौर आया जब धीमेपन के कारण द्रविड़ को एकदिवसीय खेल में कुछ मैचों में दल में शामिल नहीं किया गया। डगमगाते आत्मविश्वास के दौर में 21 मैचों में उसने मात्र एक अर्द्धशतक जमाया। सुखद बात यह थी कि टेस्टों में उसने अपनी साख बनाए रखी। इस वर्ष द्रविड़ ने नौ टेस्टों में एक शतक व तीन अर्द्धशतक के बाद 45 की औसत से रन बनाए। वैसे इसी साल ही तो उसने अपनी बैटिंग थोड़ी सी तब्दीली भी की थी और उसमें लचीलेपन का भी जुट दिया था और इसी का नतीजा यह निकला था कि वह शीघ्र ही एकदिवसीय टीम में वापस भी आ गए थे।

पिछले वर्ष की खामियों से सबक सीखकर 1999 में द्रविड़ ने गज़ब का आत्मविश्वास दिखाया। यह वर्ष उनके लिये अत्यंत कामयाबी का वर्ष साबित हुआ। इसी वर्ष न्यूज़ीलैंड के विरुद्ध शतक भी ठोक डाला। इसके बाद तो राहुल द्रविड़ की गिनती ठोस बल्लेबाजों में होने लगी। विश्व कप के दौरान

उसने श्रीलंका के विरुद्ध भी 145 रन बनाए, जो कि गांगुली के 183 रनों से दब गए थे।

इस वर्ष खेले गए विश्व कप में उसने भारत के ही नहीं, वरन् विश्व के तमाम बल्लेबाजों को पछाड़कर सर्वाधिक 461 रन बनाए। उसने 8 पारियों में 2 शतक व 3 अर्द्धशतक बनाए थे। इस वर्ष द्रविड़ ने 43 एकदिवसीय मैचों में 1761 रनों का अंबार (औसत 46.34) लगाकर अपने को प्रमुख उपयोगी बल्लेबाज सिद्ध कर दिया। बेहतरीन प्रदर्शन के कारण द्रविड़ को 'विजडन' द्वारा 5 श्रेष्ठ क्रिकेटरों में शामिल (12वां भारतीय) किया था। वैसे भी 1999 के वर्ल्ड कप में सर्वाधिक रन बनाकर उसने यह भी तो साबित कर दिया था कि वह फटाफट क्रिकेट के लिये भी फिट खिलाड़ी है। उसे धीमा बल्लेबाज ना ही समझा जाए।

सन् 2000 में भी द्रविड़ ने एकदिवसीय मैचों में अपनी फॉर्म बनाए रखी। उसने 31 मैचों में 35 की औसत से 980 रन बटोरे। वर्ष के शुरू में टेस्टों में उसकी फॉर्म हल्की थी। लेकिन अंत में उसने इससे निजात पा ली। नवंबर में जिम्बाब्वे के विरुद्ध द्रविड़ ने अपने कैरियर का पहला दोहरा शतक (200 नाबाद) जड़ा। फिर अगले ही टेस्ट में उसने 70 व 162 रनों की पारियां भी खेलीं। इससे वर्ष में 20-21 की चल रही उनकी रन औसत उछलकर 78 तक जा पहुंची थी। वैसे अब द्रविड़ में गज़ब का आत्मविश्वास देखने को मिल रहा था और वह पूरी तरह से रौ में आ गए थे।

सन् 2001 में ऑस्ट्रेलिया के विरुद्ध दूसरे टेस्ट (कोलकाता) में द्रविड़ ने 180 रन बनाकर भारतीय जीत में रचनात्मक योगदान दिया था। उसने लक्ष्मण (281) के साथ मिलकर 376 रनों की भागीदारी की। इस वर्ष द्रविड़ ने टेस्टों में 46.75 की औसत से रन बनाये। जबकि एकदिवसीय मैचों में रन औसत 43 रही। कुल मिलाकर यह भी कहा जा सकता है कि द्रविड़ और लक्ष्मण ने कोलकाता में जो कारनामा किया था सिर्फ उसी की बिनाह पर ही वह इतिहास के पन्नों में प्रवेश कर गया था।

सन् 2002 में राहुल द्रविड़ ने अपना बल्लेबाजी स्तर काफी ऊंचा किया व 16 टेस्टों में 59 की औसत से 1357 रन बनाए। इस वर्ष उसने 4 टेस्टों में लगातार शतक जड़कर अपनी छवि को बेहद मूर्त रूप दिया। इसमें से तीन शतक तो इंग्लैंड की धरती पर ठोके गए थे। टैंटब्रिज (115) के बाद हैंडिग्ले (148) में द्रविड़ के प्रयास से हमें जीत मिली थी। इसमें सचिन ने 193 रन बनाए थे। ओवल में द्रविड़ ने विदेश में पहला दोहरा शतक (217) जमाया।

इसमें दूसरा उच्चतम भारतीय स्कोर 54 (सचिन) था। फिर वेस्टइंडीज के विरुद्ध उसने शतक जमाया।

राहुल द्रविड़ को एकदिवसीय मैचों में नई 'विकेटकीपर' की भूमिका निभाने को मिली। उसने बिना किसी खास अभ्यास व ट्रेनिंग के विकेटों के पीछे शानदार प्रदर्शन किया। इससे इंग्लैंड के दौरे पर 'नेट वेस्ट ट्रॉफी' में भारतीय टीम को एक अतिरिक्त बल्लेबाज 'कैफ' के रूप में मिला। फाइनल में कैफ और युवराज के प्रयासों से 325 रनों के लक्ष्य का पीछा कर टीम ने अप्रत्याशित जीत दर्ज की थी। नवंबर में वेस्टइंडीज के विरुद्ध रंग जमाते हुए द्रविड़ ने 8वां शतक जड़ा था। यह साल भी श्रीमान भरोसेमंद के लिए शानदार रहा था।

सन् 2003 में न्यूजीलैंड के विरुद्ध 2002-03 में हुई श्रृंखला में द्रविड़ आश्चर्यजनक रूप से विफल हुआ। टेस्ट व एकदिवसीय पारियों में उसका अधिकतम स्कोर 62 ही था। विश्व कप में द्रविड़ का औसत प्रदर्शन रहा। लेकिन वर्ष के शेष मैचों में द्रविड़ ने अपनी खामियों पर नियंत्रण पाया। इस वर्ष में खेले 5 टेस्टों में द्रविड़ ने 100.38 की औसत से 803 रन बनाए जिसमें उसने एडीलेड में 233 रन बनाकर अपने टेस्ट कैरियर का उच्चतम स्कोर बनाया। इसी से 23 वर्षों बाद ऑस्ट्रेलिया में भारतीय जीत संभव हुई। दिसंबर के दो हफ्तों में विश्व के भिन्न-भिन्न मुकाबलों में तीन दोहरे शतक (लारा 203, पोंटिंग 242 तथा द्रविड़ 233) लगे थे। परंतु इसमें जीत द्रविड़ के प्रहारों को ही मिली थी। दूसरी पारी में भी द्रविड़ ने 72 रन बनाए थे। ऑस्ट्रेलिया के दौरे पर द्रविड़ ने 580 रन (82.86) बनाए थे। जबकि सचिन ने 550 रनों (110.00) का योगदान दिया था। यह साल भी द्रविड़ के लिए उम्दा भी रहा था और शानदार भी। अब उनमें 'परफेक्ट बल्लेबाज' दिखने लगा था।

पिछले साल यानी 2004 में राहुल द्रविड़ ने नई ऊंचाईयों को छुआ है। पाकिस्तान के विरुद्ध उसने एकदिवसीय मैचों में औसत पारियां खेलीं और विकेट के पीछे मुस्तैद रहा। भारत ने पहली बार पाक में एकदिवसीय श्रृंखला जीती। टेस्ट श्रृंखला तो द्रविड़ के लिए और भी यादगार बनी। भले बतौर बल्लेबाज वह मुलतान टेस्ट में नहीं जमा लेकिन भारत को ऐतिहासिक जीत (पाक धरती पर 52 वर्षों-में पहली टेस्ट विजय) दिलाने में द्रविड़ की सुयोग्य कप्तानी सफल हुई। फिर रावलपिंडी टेस्ट में राहुल ने अपने कैरियर का सर्वोत्तम स्कोर (270) बनाकर शतकों की संख्या 17 तक पहुंचाई। राहुल द्रविड़ की शानदार बल्लेबाजी से भारत को पाकिस्तान के विरुद्ध उसी की

धरती पर पहली टेस्ट शृंखला जीतने का गौरव मिला।

आज सचिन का हर मैच तथा हर रन एक नए रिकॉर्ड की तरफ इशारा करते हैं। लेकिन दल में आजकल राहुल द्रविड़ को 'मि. रिलायबल' की संज्ञा मिली हुई है। निश्चित रूप से यह उसकी बल्लेबाजी क्षमता तथा उम्दा स्तर को दर्शाता है। विदेशों में तो राहुल का बल्ला और जवां हो उठता है। उसके अब तक लगे हुए कुल 17 शतकों में से 11 तो विदेशों में लगे हैं।

भारत में द्रविड़ ने जहां 51.19 की औसत से 2662 टेस्ट रन बनाए हैं वहीं विदेशों में 63.53 की औसत से 4193 रन उसके नाम हो चुके हैं। जबकि सचिन ने भारतीय मैदानों पर 61.81 की औसत से टेस्टों में 4265 रन जुटाए हैं। वहीं विदेशों में उसका औसत 52.21 ही रहा है। सचिन भारत के लिये विदेशों में 5265 रन जुटाकर सबसे आगे हैं। जबकि गावस्कर (5055) का रिकॉर्ड भी दूसरे स्थान पर है।

कुल मिलाकर तो यही कहा जा सकता है कि राहुल द्रविड़ दिन-ब-दिन बेहतरीन भी होते जा रहे हैं और लाजवाब भी। उनका बल्ला पिछले एक अरसे से शत्रुओं के खिलाफ जमकर आग उगल रहा है। यही क्रम जारी रहा रहता है, तो समझिए रिकॉर्ड बुक में द्रविड़ का नाम और भी चमकदार अक्षरों में लिखा हुआ मिलेगा हमें। उनके रिकॉर्ड, प्रदर्शन, व्यक्तित्व, शांत और कूल टेंपरामेंट ही तो उनका कद और ऊंचा कर देता है। ऐसे में यदि हम उन्हें सिर्फ 'हीरो' नहीं मानते हैं, तो गलत क्या है। वह तो 'सुपर हीरो' हैं। असली वाले सुपर हीरो। है कि नहीं।

क्यों हैं मिस्टर कूल?

मिस्टर कूल के नाम से मशहूर राहुल द्रविड़ फिर खबरों में हैं। उन्हें ये खबरें प्रदान की हैं बांगलादेश के खिलाफ चटगांव में खेले गये टेस्ट मैच ने। इस मैच, जो दिसंबर सन् 2004 के अंत में खेला गया, में राहुल ने 160 रनों की ऐतिहासिक पारी खेली। इस शतक के बूते पर राहुल ने कई बड़े रिकॉर्ड बनाये। यह उनका 18वां टेस्ट शतक था। अब शतक बनाने के मामले में वे भारत के सिर्फ सचिन तेंदुलकर और सुनील गावस्कर (34 शतक) और मों. अजहरुद्दीन (22 टेस्ट शतक) के ही पीछे हैं बस।

वैसे चटगांव के शतक ने उनके कद को और बड़ा कर दिया है विशाल बना दिया है। अब वह प्रत्येक टेस्ट खेलने वाले देश के खिलाफ भी शतक बनाने वाले बल्लेबाज बन गये हैं। साथ ही उन्होंने इस शतक के बूते पर हर टेस्ट खेलने वाले देश की धरती पर भी शतक बनाने में कामयाब हो गए हैं। ऐसा करने वाले वह दुनिया के पहले बल्लेबाज हो गये हैं यानी विश्व क्रिकेट के इतिहास में ऐसा करने वाले वह एकमात्र बल्लेबाज हैं।

वैसे भी इससे पूर्व जब उन्होंने पिछले साल ही जब रावलपिंडी में 270 रनों की पारी खेली थी, तब भी उन्होंने एक रिकॉर्ड और रच डाला था। वह उनका पांचवा दोहरा टेस्ट शतक था। अब तक सिर्फ मार्वन अट्टापट्टू (श्रीलंका-5 दोहरे शतक) ब्रायन लारा (6 दोहरे शतक), वाली हैमंड (7 दोहरे शतक) तथा सर डॉन ब्रेडमैन (12 दोहरे शतक) ही ऐसा कारनामा कर सके हैं। पांच या उससे अधिक दोहरे शतक जमाने वाले वह विश्व के मात्र छठे बल्लेबाज हैं।

सिर्फ यही कुछ नहीं, उनमें और भी तमाम विशेषताएं हैं जिनकी जितनी भी प्रशंसा की जाये कम ही होगी। तमाम अच्छी-अच्छी खासियतों से सुसज्जित हैं अपने मिस्टर कूल। वह दरअसल हैं ही योग्यताओं का पिटारा। शांत रहते हैं। सौम्य दिखते हैं और सहज इतने की कोई भी क्रिकेट प्रेमी उन्हें कहीं पर भी रोककर बात करना शुरू कर दे। वह हरेक के प्रति मित्र भाव ही रखते हैं। किसी से भी बैर नहीं रखते हैं। सबसे दोस्ती। सिर्फ दोस्ती बस।

इन्हीं सब बातों का तो यह नतीजा निकल रहा है कि उन्हें भारतीय क्रिकेट

का भी महानायक कहा जाने लगा है। विदेशी धरती का महानायक तो उन्हें कहा ही जाता है। उनकी सबसे खास बात यह है कि उन्हें किसी भी क्रम में खिलाइए, वह हर क्रम में फिट रहते हैं और शानदार तरीके से खेलते हैं।

वैसे भी राहुल द्रविड़ इन दिनों बहुत अच्छी क्रिकेट खेल रहे हैं। टेस्ट क्रिकेट और एकदिवसीय क्रिकेट में सात-सात हजार रनों के आंकड़ों को पार करना उतना आसान है नहीं, जितना की समझा जाता है। फिर वह खेल रहे हैं, जम कर खेल रहे हैं। शांत रह कर खेल रहे हैं और रिकॉर्ड भी रच रहे हैं। ऐसे में उन्हें 'मिस्टर कूल' की उपाधि से नवाजते हैं तो इसमें गलत है क्या?

1999 के न्यूजीलैंड दौरे ने भारतीय क्रिकेट को राहुल द्रविड़ के तौर पर एक बहुत अच्छा बल्लेबाज दिया था। आम तौर पर बल्लेबाज अपने देश में अपने जाने-पहचाने विकेटों पर रन बनाने के लिए मशहूर होते हैं, लेकिन राहुल द्रविड़ अपने देश से बाहर रन बनाने के लिये मशहूर हैं। तब राहुल द्रविड़ ने न्यूजीलैंड दौरे में हैमिल्टन में खेले गए तीसरे टेस्ट मैच को चुना। राहुल द्रविड़ ने टेस्ट की दोनों पारियों में 190 और 103 नाबाद स्कोर बनाए। सुनील गावस्कर के बाद एक टेस्ट की दोनों पारियों में शतक बनाने वाला भारत का पहला बल्लेबाज है। महान क्रिकेटर विजय हजारे ने यह गौरव 1947-48 में ऑस्ट्रेलिया के दौरे में हासिल किया था और उसके बाद सुनील गावस्कर ने यह रिकॉर्ड तीन टेस्ट मैचों में बनाया था। एक टेस्ट की दोनों पारियों में शतक बनाना कोई मामूली बात नहीं है। इसके लिये जिस एकाग्रता और दृढ़ता की जरूरत होती है वह राहुल द्रविड़ ने दिखाई। अफसोस की बात तो यह रही कि उसकी मेहनत के बावजूद भारत हैमिल्टन का यह टेस्ट मैच न जीत सका।

इन शतकों वाली पारियों में से राहुल द्रविड़ ने अपनी जोरदार फॉर्म का सबूत दिया और ऐसे में टीम मेनेजमेंट को राहुल द्रविड़ को फिर से भारत की एकदिवसीय टीम में शामिल करने पर मजबूर होना पड़ा। टापो के पहले एकदिवसीय मैच में राहुल ने शानदार शतक बनाया और इस तरह से लगातार तीन पारियों में न्यूजीलैंड के विरुद्ध शतक का रिकॉर्ड बनाया। अगले चारों एकदिवसीय मैचों में भी उसने उपयोगी पारियां खेली और सबसे खास बात तो यह थी कि वह न तो स्ट्राइक रेट में भारत के और किसी भी बल्लेबाज से कम था और न ही उसने आलोचकों को यह कहने का मौका दिया कि जब राहुल द्रविड़ एकदिवसीय मैचों में खेलता है तो वह स्ट्राइक अपने पास ही रखने की कोशिश करता है और दूसरे बल्लेबाज को खेलने का बिल्कुल मौका नहीं देता।

तो इस तरह से राहुल द्रविड़ न्यूजीलैंड दौरे से कई भ्रम दूर करने के बाद

भारत लौटा था। भारत के चयनकर्ताओं और टीम मेनेजमेंट को यह अहसास हुआ कि अब वे फिर से राहुल द्रविड़ के आत्मविश्वास को खराब न किया जाए। इन्हीं चयनकर्ताओं ने जब पहली बार राहुल द्रविड़ को एकदिवसीय टीम से निकाला था तो सच बात यह थी कि द्रविड़ को टीम से निकालने की कोई वजह नहीं थी। वह स्ट्राइक रेट में तब भी टीम के और दूसरे बल्लेबाजों से अच्छा था। और फिर एकदिवसीय क्रिकेट में भी हर टीम को एक 'शॉट एंकर' बल्लेबाज की जरूरत होती है अगर राहुल द्रविड़ यह भूमिका निभा रहा था तो इसमें गलत क्या था? बार-बार राहुल द्रविड़ पर एकदिवसीय क्रिकेट का बल्लेबाज न होने का जो आरोप लगाया गया उसने असल में और कुछ नहीं किया बल्कि राहुल द्रविड़ के खेल को खराब किया। इसीलिए जब कभी राहुल द्रविड़ को फिर मौका मिला तो उस पर सबसे पहले तो यह मनोवैज्ञानिक दबाव था कि अच्छा स्कोर बनाकर टीम में अपने लिए एक जगह बनाए। इसी कोशिश में राहुल द्रविड़ की क्रिकेट खराब हुई।

अगर तब अजहरुद्दीन, सचिन तेंदुलकर या सौरव गांगुली जैसे बल्लेबाज लगातार अच्छा खेल रहे थे तो इसकी एक सबसे बड़ी वजह यह भी थी कि इन तीनों को टीम में अपनी जगह की चिंता नहीं थी। अब यही बात राहुल द्रविड़ के नाम के साथ भी जुड़नी चाहिये थी। वैसे राहुल द्रविड़ इस बात को मान रहे थे कि इस न्यूजीलैंड दौरे में उसकी टेस्ट और एकदिवसीय मैचो में बल्लेबाजी को देखकर बहुत ज्यादा उम्मीदें लगा लेना गलत होगा। राहुल द्रविड़ ने तो तब कहा भी था कि न्यूजीलैंड दौरे में उसने कोई अलग किस्म की बल्लेबाजी नहीं की या इस न्यूजीलैंड दौरे के लिये उसने कोई खास तैयारी नहीं की थी। उसका कहना था-मैं हर गेंद को उसकी योग्यता के हिसाब से खेलता हूं और न्यूजीलैंड में भी मैने यही किया। अगर गेंद हिट करने के लिये मुझे मिलेगी तो मैं उसे जरूर हिट करूंगा।

जब 1996 के इंग्लैंड के दौरे में लॉर्ड्स के दूसरे टेस्ट मैच में राहुल द्रविड़ को पहली बार भारत के लिए टेस्ट मैच खेलने का मौका मिला था तो भारत में किसी ने भी यह नहीं पूछा था कि 'राहुल द्रविड़ कौन है?' पिछले कई सालों से भारत की घरेलू क्रिकेट में वह कर्नाटक और साउथ जोन के लिए बढ़िया बल्लेबाजी कर रहा था और अपने इस खेल के दम पर वह सही मायने में इससे पहले ही भारत की टीम में आने का हकदार था। जिस बल्लेबाज का बल्ला खुद अपनी सिफारिश कर रहा हो उस बल्लेबाज को भला भारत की टीम में आने के लिए किस सिफारिश की जरूरत है? इसके बावजूद जब राहुल

द्रविड़ को पहली बार टीम में चुना गया तो कहा गया कि कर्नाटक के ही गुंडप्पा विश्वनाथ के चयन समिति में अपनी मौजूदगी का फायदा उठाकर राहुल द्रविड़ को भारत की टीम में जगह दिलाई। राहुल द्रविड़ अब अपने खेल से साबित कर चुका है कि उसे किसी भी सिफारिश की जरूरत नहीं थी।

इंदौर में जन्मे राहुल द्रविड़ के लिए क्रिकेट की शुरुआत बंगलौर में हुई। वह और उसका भाई विजय बचपन से ही क्रिकेट खेलते आ रहे हैं। बंगलौर में उसने सही मायने में क्रिकेट का खेल सीखा बंगलौर यूनाइटेड क्रिकेट क्लब में। यह वही क्लब है जिसने भारत को गुंडप्पा विश्वनाथ, ई.ए.एस. प्रसन्ना, रोजर बिन्नी और सदानंद विश्वनाथ जैसे क्रिकेटर दिए हैं। मुंबई, दिल्ली और चेन्नई के बाद अगर क्रिकेट का कहीं सबसे अच्छा ढांचा है तो वह है बंगलौर शहर। क्रिकेट के इस अच्छे माहौल की वजह से राहुल द्रविड़ को केकी तारापोर जैसे मशहूर कोच से कोचिंग हासिल करने का मौका मिला। राहुल द्रविड़ ने कर्नाटक के लिए घरेलू क्रिकेट में लगातार रन बनाए और पहली बार वह भारत की टीम में आने का दावेदार 1996 के विश्व कप के समय बना था। उस समय गुंडप्पा विश्वनाथ ही राहुल द्रविड़ के भारत की टीम में चयन न होने के कारण थे। वे बचपन से राहुल को देख रहे थे और जानते थे कि राहुल द्रविड़ किस तरह का बल्लेबाज है और ऐसे तनाव में उसे भारत की टीम में लाना कतई सही नहीं होगा। विश्व कप के फौरन बाद सिंगर कप के लिए भारत की टीम में राहुल द्रविड़ को चुन लिया गया।

राहुल द्रविड़ के क्रिकेट ग्राफ को ऊपर उठता देखने वालों को एकदिवसीय मैचों से ही नहीं बल्कि टेस्ट मैचों में राहुल द्रविड़ की असली बल्लेबाजी देखने का इंतजार है।

1996 के इंग्लैंड दौरे के लिए राहुल द्रविड़ को भारत की टीम में चुना गया। हालांकि यह महसूस था कि अगर सभी प्रमुख खिलाड़ी अपनी सही फॉर्म के हिसाब से खेलते रहे तो राहुल द्रविड़ के लिए भारत की टेस्ट टीम में खेलना मुश्किल होगा। नवजोत सिंह सिद्धू की विवादास्पद गैर मौजूदगी ने भला किया सौरव गांगुली का और जब संजय मांजरेकर की घुटने की चोट लॉर्डस के दूसरे टेस्ट में ठीक न हुई तो मौका मिला राहुल द्रविड़ को। यह मौका तो 'संयोग' से मिला था लेकिन उसके बाद राहुल द्रविड़ ने पीछे मुड़कर नहीं देखा। यह उसका दुर्भाग्य ही था कि वह सौरव गांगुली के साथ मिलकर अपने पहले शतक का रिकॉर्ड न बना सका। लॉर्ड्स में राहुल और गांगुली दोनों ने अपना-अपना टेस्ट जीवन शुरू किया। गांगुली ने शतक बनाया जबकि राहुल

द्रविड़ 95 रन बनाकर आउट हुआ। अगर राहुल द्रविड़ भी शतक बना लेता तो यह टेस्ट क्रिकेट के इतिहास में एक ही टेस्ट में दो बल्लेबाजों के अपने पहले टेस्ट में शतक का पहला उदाहरण होता। राहुल द्रविड़ ने ट्रेंट ब्रिजि के अगले टेस्ट में भी 84 रन बनाए जबकि दूसरी तरफ गांगुली ने एक और शतक बना दिया। सुनील गावस्कर और गुंडप्पा विश्वनाथ का टेस्ट जीवन भी लगभग साथ-साथ शुरू हुआ था। विश्वनाथ 1969-70 के कानपुर टेस्ट में ऑस्ट्रेलिया के खिलाफ खेले थे तो गावस्कर ने 1971 के शुरू में पोर्ट ऑफ स्पेन में अपना टेस्ट जीवन शुरू किया था। गावस्कर और विश्वनाथ के क्रिकेट जीवन के दौरान लगातार यह चर्चा चलती रही कि दोनों में से बेहतर बल्लेबाज कौन सा है, और आज यही चर्चा राहुल और गांगुली के साथ भी जारी है। भारतीय क्रिकेट के लिए इससे अच्छी बात और कोई नहीं हो सकती कि जिस तरह से गावस्कर और विश्वनाथ ने अपनी-अपनी बल्लेबाजी को बेहतर बनाकर भारत की टीम को फायदा पहुंचाया उसी तरह से गांगुली और द्रविड़ भारत की बल्लेबाजी की रीढ़ की हड्डी बने हुए हैं।

गांगुली अब तक टेस्ट मैचों में 11 शतक बना चुका है, जबकि द्रविड़ ने 18 शतक बनाए हैं। एकदिवसीय क्रिकेट के लिए शुरू में गांगुली भी लड़खड़ाया था लेकिन बाद में गांगुली को एक उपयोगी गेंदबाज होने का फायदा मिला और साथ ही साथ जब पहले विकेट के लिए तेंदुलकर और गांगुली की जोड़ी जम गई तो तब तो गांगुली के लिए कोई चुनौती नहीं रही। जब गांगुली के ऊपर से एक बार टीम में से अपनी जगह खोने का डर खत्म हो गया तो वह बहुत अच्छा खेलने लगा और नतीजा सामने है।

राहुल द्रविड़ के साथ ऐसा नहीं हो पाया। राहुल द्रविड़ टेस्ट मैचों में अच्छा प्रदर्शन करने के बावजूद भारत की एकदिवसीय टीम में अपने लिए पक्की जगह नहीं बना सका। ऐसे में दक्षिण अफ्रीका के मुश्किल दौरे में राहुल द्रविड़ ने जोहंसबर्ग टेस्ट में 148 और 81 के शानदार स्कोर बनाए। गज़ब की तेजी के साथ गेंद फेंकने वाले एलन डोनाल्ड और शॉन पोलक को खेलना कोई मज़ाक नहीं था। अगर उस टेस्ट में बरसात ने दक्षिण अफ्रीका का साथ न दिया होता तो भारत यह टेस्ट जीत भी सकता था।

विदेशी विकेटों पर अच्छी बल्लेबाजी का सबूत राहुल द्रविड़ ने फिर वेस्टइंडीज दौरे में भी दिया। वहां उसने किंग्सटन के पहले टेस्ट मैच में 43 और 51 नॉट आउट, पोर्ट ऑफ स्पेन के दूसरे टेस्ट में 78 और 2, एंटिगुआ के चौथे टेस्ट में 37 आउट नहीं और फिर जॉर्ज टाउन के पांचवें और अंतिम

टेस्ट में 92 के स्कोर बनाए।

उसके ये अच्छे स्कोर उसकी योग्यता की कहानी कह रहे थे तो साथ ही साथ राहुल द्रविड़ पर एक और लेबल लगा अब कहा गया कि वह अपने 50 के स्कोर को 100 में नहीं बदल पाता और यह उसकी कमजोरी है। इसमें कोई शक नहीं है कि राहुल द्रविड़ उपयोगी स्कोर तो बना रहा था, लेकिन वह 100 का स्कोर नहीं बना पा रहा था। 1997-98 के श्रीलंका दौरे में उसने पहले टेस्ट में 69 का स्कोर बनाया। उसके बाद जब 1997-98 में ही श्रीलंका की टीम भारत के दौरे पर आई तो लगातार तीन पारियों में राहुल द्रविड़ ने 92, 93 और 85 के स्कोर बनाए। जब 1998 में मार्क टेलर की ऑस्ट्रेलिया टीम भारत में खेली तो राहुल द्रविड़ ने लगातार तीन पारियों में 52, 56 और 86 के स्कोर बनाए। शायद राहुल द्रविड़ को अगले शतक के लिए फिर से भारत से बाहर खेलने का इंतजार था।

1998 के साल में हरारे में भारत ने एक टेस्ट मैच खेला और इस टेस्ट मैच में हालांकि भारत की टीम हार गई लेकिन राहुल द्रविड़ ने 118 और 44 के स्कोर बनाए। उसके बाद अब न्यूजीलैंड दौरे में हैमिल्टन में राहुल द्रविड़ ने दोनों पारियों में शतकों का रिकॉर्ड बनाया। आप इसे राहुल द्रविड़ की कमजोरी नहीं कहेंगे बल्कि राहुल द्रविड़ की योग्यता कहेंगे कि वह भारत की विकेटों पर खेलने का मोहताज नहीं है और न ही उसे रन बनाने के लिए धीमे विकेटों और घरेलू समर्थन की ही जरूरत है। अपने ज्यादातर शतक भारत के बाहर ही बनाए हैं। टेस्ट क्रिकेट में अब तक 85 टेस्ट में जो 7073 रन बनाए हैं उनमें से 4193 रन उसने भारत से बाहर बनाए हैं और 2830 रन भारत में बनाए हैं। जबकि भारत में 44 टेस्ट खेले और भारत से बाहर 41 टेस्ट खेले हैं।

राहुल द्रविड़ की हाल की बल्लेबाजी यह साबित कर चुकी है कि वह भारत के महान बल्लेबाजों की परम्परा का बल्लेबाज है। अगर टेस्ट मैच की दोनों पारियों में शतक बनाने के लिए उसका नाम विजय हजारे और सुनील गावस्कर जैसे बल्लेबाजों के नाम के साथ जुड़ा है तो वह वास्तव में इस सम्मान का हकदार है। वह इस बात को मानता है कि उसने कभी सचिन तेन्दुल्कर जैसी बल्लेबाजी करने की कोशिश नहीं की क्योंकि सचिन तेंदुलकर का कोई जवाब ही नहीं है। हां, अपने क्रिकेट जीवन में द्रविड़ ने जो हासिल किया है वह उससे संतुष्ट है और यहां तक कि चयनकर्त्ताओं द्वारा उसे भारत की टीम से बाहर निकाले जाने के बावजूद उसने कोई शिकायत नहीं की।

द्रविड़ इस समय औसत के हिसाब से भारत का नंबर 1 बल्लेबाज है। 85

बचपन से ही राहुल को क्रिकेट खेलने का शौक था। यहां वह अपने निवास स्थान पर अभ्यास करता हुआ।

अपने हीरो सुनील गावस्कर के साथ राहुल। गावस्कर के दाईं ओर खड़ा है राहुल का छोटा भाई विजय।

राहुल और विजय अपने द्वारा जीती गई शील्ड का प्रदर्शन करते हुए।

साभार: द्रविड़ फैमिली एल्बम

हॉकी का मैदान हो या गोल्फ कोर्स राहुल हमेशा पूरी एकाग्रता के साथ खेलता है।

क्रिकेट खिलाड़ी व फिल्मी सितारों के बीच खेले गए एक फुटबॉल मैच के दौरान अक्षय कुमार को छकाता हुआ।

वीरू के संग मोटरसाइकिल की सैर (नीचे) एक पार्टी के दौरान अजित आगरकर, पार्थिव पटेल व रोहन गावस्कर के साथ।

दिल्ली स्थित पांच सितारा होटल ताज पैलेस के लॉन में आराम फरमाते राहुल।

(ऊपर) सन् 2004 में राष्ट्रपति डॉ.ए.पी.जे. अब्दुल कलाम से पदमश्री ग्रहण करते हुए
(बाएं) सन् 2002 में तत्कालीन मुख्यमंत्री एस.एम.कृष्णा से कर्नाटक का सर्वोच्च राज्योत्सव अवार्ड ग्रहण करते हुए।

द्रविड़ परिवार के सदस्य (खड़े हुए)- विजय एवं भावना तथा विजिता एवं राहुल (बैठे हुए) राहुल और विजय के माता-पिता पुष्पा और शरद द्रविड़।

विजिता और राहुल- (बाएं) हालैंड में और (दाएं) अपने हनीमून के दौरान स्कॉटलैंड में।

साभार: द्रविड़ फेमिली एल्बम

मि. भरोसेमंद के नाम से मशहूर राहुल को भारतीय क्रिकेट का सबसे ठोस बल्लेबाज होने का गौरव प्राप्त है।

BRITANNIA

युवाओं का मसीहा : पिछले वर्ष 2004 में एम.टी.वी. द्वारा करवाए गए एक सर्वेक्षण में युवाओं ने राहुल को वर्ष का सर्वाधिक लोकप्रिय व्यक्ति चुना।

टेस्ट मैचों में उसकी बल्लेबाजी की औसत 52.15 है। यहां तक कि इस समय टेस्ट क्रिकेट खेल रहे बल्लेबाजों से भी औसत के हिसाब से वह नंबर 1 पर चल रहा है। कम्प्यूटर की रैंकिंग को देखिए तब भी द्रविड़ विश्व के टॉप 10 बल्लेबाजों में लगातार अपने लिए जगह बनाए हुए हैं और हैमिल्टन टेस्ट के बाद की रैंकिंग में तो वह बहुत आगे निकल आया है।

राहुल द्रविड़ ने जो बल्लेबाजी की है वह नई नहीं है। उसमें तो पहले से ही योग्यता थी। जरूरत इस बात की थी कि इस योग्यता को पहचानकर उसे अच्छी क्रिकेट खेलने का मौका दिया जाए। चयनकर्ताओं ने उसमें भरोसा दिखाया और उसे मौका दिया तो इसका फायदा भारत की क्रिकेट टीम को ही हुआ है।

राहुल द्रविड़ ने हैमिल्टन में पहली पारी में जो बल्लेबाजी की, उससे उसने दिखा दिया कि वह हर तरह की पिच पर हर तरह की गेंदबाजी को खेलने का दम रखता है। जो उम्मीदें उससे शुरू में लगाई गई थीं वह अब उन्हें पूरा कर रहा है। ऊंची उठ रही गेंद पर वह शॉट लगाता है तो अपने शॉट के लिए वह गेंद को ताकत के साथ पीटने की जगह सही टाइमिंग पर ज्यादा भरोसा कर रहा है।

वैसे भी मिस्टर कूल या मिस्टर रिलायबल के लिए सन् 2004 का साल बहुत ही अच्छा साल रहा। इसी साल ही तो उन्हें विजडन क्रिकेट ऑफ द ईयर चुना गया। साथ ही 270 रनों की ऐतिहासिक पारी खेलकर भी तो उन्होंने अपना कद और बड़ा बना दिया था। यह शतक उन्होंने रावलपिंडी में बनाया था। फिर साल के अंत में चटगांव में अपने कैरियर का 18वां शतक बनाकर और भी बड़ा कारनामा कर डाला था। यही वह शतक था जिसका राहुल को एक अरसे से दरकार भी थी, क्योंकि इसी एक शतक की बदौलत ही तो वह दुनिया के चौथे ऐसे बल्लेबाज बन गए थे जिसने विश्व के सभी टेस्ट खेलने वाले देशों के खिलाफ शतक बना लिया साथ ही विश्व के पहले और एकमात्र ऐसे बल्लेबाज भी बन गए जिसने टेस्ट खेलनेवाले सभी देशों की सरजमीं पर शतक ठोकने का अद्‌भुत कारनामा कर डाला है। यानी साल के अंत में उसने एक शतक ठोका और दो बड़े कारनामे कर डाले। ऐसे में यदि कोई उन्हें मिस्टर कूल या मिस्टर डिपेंडेबल या फिर कोई अन्य उपमा से नवाजता है, तो वह ना तो गलत होता हैं और न ही वह अतिश्योक्ति ही कहलाती है क्योंकि वह है ही इतने अच्छे बल्लेबाज कि पूछिए मत। योग्यताओं से लबरेज यह बल्लेबाज कुछ भी कहलाने के लायक है और सक्षम भी।

वर्ल्ड कप में भी हिट

जिन क्रिकेट प्रेमियों ने राहुल द्रविड़ के क्रिकेट कैरियर को नजदीक से देखा है वे इस बात को भी अच्छी तरह से जानते हैं कि कैरियर की शुरुआत में ही उनका क्रिकेट कैरियर थोड़ा सा हिचकोले खाने लगा था। ये हिचकोले उन्हें प्रदान किए थे एकदिवसीय मैचों ने जिनमें वो शुरू में फ़िट नहीं हो पाए थे। नतीजतन उन्हे कई मैचों में बाहर भी बिठा दिया गया था। पर 1999 के वर्ल्ड कप ने राहुल द्रविड़ के क्रिकेट की गाथा को ही बदल कर रख दिया था। उस वर्ल्ड कप में वह न सिर्फ टॉप स्कोरर ही रहे थे बल्कि विकेटकीपर के रूप में भी उन्होंने देश की सेवा जमकर की थी। जब से वह वन डे क्रिकेट में फिट हुए हैं तब से हिट भी हैं। चूंकि फिट हैं तभी तो हिट हैं। आइए 1999 के वर्ल्ड कप पर एक नजर डालते हैं।

उस वर्ल्ड कप में भारत ने अपना पहला मैच जिम्बाब्वे के खिलाफ 19 मई 1999 को लीसेस्टर में खेला था। यह मैच भारत जिम्बाब्वे से मात्र तीन रनों से हार गया था। दरअसल इस मैच में हैनरी ओलंगा ने ऐसी बढ़िया गेंदबाजी की जिसे भारतीय आज तक नहीं भूल पाये हैं। जिम्बाब्वे ने 252 रन बनाये और भारत ने 249 (सब आउट)। राहुल द्रविड़ का स्कोर रहा सिर्फ 13 रन।

अगला मैच 23 मई को ब्रिस्टल में खेला गया जिसमें भारत ने केन्या को 84 रनों से हरा दिया। इस मैच में राहुल ने 104 रन बनाये, 109 गेंदो में। सचिन का स्कोर रहा 101 गेंदो में 140 रन। लीग मैचों का सबसे रोमांचक मैच खेला गया 26 मई 1999 को, जिसमें श्रीलंका और भारत की टीमें आमने-सामने थीं। मैच में भारत को पहले बैटिंग कराई गई जिसमें भारतीय जांबाज़ों ने धुआंधार प्रदर्शन किया। राहुल द्रविड़ ने इसमें भी शानदार शतक जमाया। 129 गेंदो पर 145 रन। कप्तान गांगुली ने बनाए 158 गेंदों पर 183 रन। दोनों ने दूसरे विकेट की साझेदारी में 318 रन बनाये। भारत ने यह मैच 157 रनों के विशाल अंतर से जीता। अंतिम लीग मैच में भारत ने इंग्लैंड को भी हरा दिया। राहुल ने इस मैच में 53 रन बनाए। और इसी के साथ ही सुपर सिक्स में प्रवेश किया।

सुपर सिक्स के पहले मैच में भारत का मुकाबला ऑस्ट्रेलिया से हो गया, जिसमें उसे 77 रनों से पराजित होना पड़ा। राहुल द्रविड़ ने इस मैच में बनाये सिर्फ दो रन।

सुपर सिक्स मुकाबलों का छठा मैच भारत और पाकिस्तान के बीच खेला गया। यह मैच ओल्ड ट्रैफर्ड (मेनचेस्टर) में 7 जून 1999 को खेला गया। इस मैच में भारत ने पाकिस्तान को 47 रनों से हराया। राहुल ने इस मैच में बनाए 89 गेंदों पर 61 रन।

भारत ने सुपर सिक्स का अंतिम मैच भारत ने न्यूजीलैंड के खिलाफ खेला। भारत यह मैच पांच विकेट से हार गया। राहुल का इस मैच में स्कोर रहा 35 गेंदों पर 29 रन। और इस हार के साथ ही भारत वर्ल्ड कप से बाहर हो गया।

जहां तक राहुल द्रविड़ के प्रदर्शन का सवाल था, तो राहुल ने इस वर्ल्ड कप में सबसे ज्यादा रन बनाये थे। आठ मैचों की आठ पारियों में (एक में नॉट आउट) उसने 461 रन बनाये। दो शतक तथा तीन पचासे। उसका औसत रहा था 65.85 रन प्रति पारी। वर्ल्ड कप में किए गए इस शानदार प्रदर्शन ने ही यह साबित कर दिया था कि वह एकदिवसीय क्रिकेट का कितना फिट खिलाड़ी है।

बहरहाल, 2003 के वर्ल्ड कप में राहुल द्रविड़ दोहरी भूमिका में उतरे। बल्लेबाज भी और विकेटकीपर भी। इस वर्ल्ड कप में सबसे ज्यादा रन बनाये थे सचिन तेन्दुल्कर ने। उन्होंने 11 मैचों में 673 रन बनाये थे पर औसत के लिहाज़ से राहुल सचिन से आगे थे। सचिन का इस वर्ल्ड कप में औसत रहा था 61.18 रन प्रति पारी। जबकि राहुल द्रविड़ का औसत रहा था 63.80 रन प्रति पारी। उन्होंने इस वर्ल्ड कप में 11 मैचों में 318 रन (पाँच अविजित) बनाये थे जिसमें शतक तो कोई नहीं था पर पचासे दो जरूर थे।

भारत ने अपने पहले मैच में हॉलैंड को 68 रनों से हराया। इस मैच में राहुल द्रविड़ ने 17 रन बनाये। दूसरे मैच में जब कंगारुओं ने भारत को हरा दिया तो सारे देश में हाहाकार मच गया। भारत को कंगारुओं ने नौ विकेट से हराया था। द्रविड़ ने इस मैच में सिर्फ एक रन बनाया।

फिर भारत का मुकाबला जिम्बाब्वे से हुआ, जिसमें भारत ने जिम्बाब्वे को 83 रनों से हरा दिया। द्रविड़ का स्कोर रहा 55 गेंदो पर 43 रन। फिर अगले मैच में भारत ने श्रीलंका को हरा दिया 181 रन के भारी अंतर से। इस मैच में सचिन ने 152 रन बनाये पर द्रविड़ को खेल खेलने का मौका ही नहीं मिला।

26 फरवरी 2003 को भारत और इंग्लैंड के बीच मैच हुआ, जिसमें भारत फिर जीता। इसमें द्रविड़ ने शानदार 62 रन बनाये और विकेट के पीछे तीन कैच भी लपके। 1 मार्च को भारत ने पाकिस्तान को छह विकेट से परास्त

किया। मैच में राहुल जी ने 76 गेंदों पर 44 रन नॉट आउट बनाये।

भारत ने सुपर सिक्स में केन्या को 6 विकेट से हराया, जिसमें द्रविड़ ने बनाये 32 रन। फिर भारत ने श्रीलंका को 183 रनों से हराया। राहुल का स्कोर रहा 18 रन। फिर भारत ने न्यूजीलैंड को सात विकेट से हरा दिया, जिसमें द्रविड़ के बल्ले से निकले 53 बेहतरीन रन।

20 मार्च 2003 को डरबन में हुए सेमीफाइनल में भारत ने केन्या को 91 रनों से हराया। इस मैच में राहुल ने एक गेंद खेली और एक रन पर ही नॉट आउट रहे। फाइनल मैच भारत और ऑस्ट्रेलिया के बीच 23 मार्च 2003 को जोहांसबर्ग में खेला गया। यह मैच हालांकि एकतरफा रहा पर द्रविड़ ने मैच में बहुत ही अच्छी बैटिंग की और 47 रन बनाये। इस तरह से यह बात तो कोई भी शख्स कह सकता है कि राहुल वर्ल्ड कप के हिट खिलाड़ी रहे हैं।

यह बात तो बिल्कुल सत्य है कि राहुल द्रविड़ टेस्ट मैचों में भारतीय टीम के महत्वपूर्ण सदस्य बन गए थे लेकिन वन डे खेलने वाली भारतीय टीम में वह जगह नहीं बना पा रहे थे जिसकी वजह उनका खराब स्ट्राइक रेट था। यदि वह अपना स्ट्राइक रेट यानी हर गेंद पर रन बनाने का रेट अच्छा कर लेते तब ही वन डे खेलने वाली टीम में जगह बना सकते थे। बाद में उन्होंने यही किया और टीम में फिट हो गये।

एक समय तक राहुल द्रविड़ ने 22 टेस्ट मैचों की 35 पारियों में 51.34 रन प्रति पारी के हिसाब से 1643 रन बनाए थे पर उन्होंने तब तक जो 55 वन डे मैच खेले थे उनकी 49 पारियों में 33.64 रन प्रति पारी के हिसाब से सिर्फ 1514 रन बनाए थे।

1999 में द्रविड़ को बांग्लादेश और केन्या के विरुद्ध कोका कोला कप में तो खिलाया गया, लेकिन उस टूर्नामेंट में भी वह अपना स्ट्राइक रेट अच्छा नहीं रख सके। वन डे मैचों में एक अच्छे खिलाड़ी का स्ट्राइक रेट 100 के करीब होना चाहिये यानी वह जितनी गेंदें खेले लगभग उतने ही रन बनाये। तब सईद अनवर, जयसूर्या, तेन्दुल्कर, अजहरुद्दीन जैसे बल्लेबाजों का स्ट्राइक रेट प्रति गेंद के हिसाब से रन बनाने का था। अगर कोई खिलाड़ी वन डे मैचों में हर गेंद पर रन नहीं बनाता और 100 गेंदों पर 80 रन के हिसाब से खेलता है तब भी उसका प्रदर्शन अच्छा समझा जाता है। लेकिन अगर खिलाड़ी 100 गेंदों पर 70 या उससे कम रन बनाता है तो वह वन डे मैचों के स्तर के अनुसार अच्छा बल्लेबाज नहीं हो सकता। आजकल कोई भी टीम 50 ओवर में 250 रन अवश्य बनाती है। यानी वह हर 100 गेंदों पर 83.33 रन बनाती है। अगर

इस टीम के कुछ खिलाड़ी ऐसे न हों जो हर गेंद पर रन बनायें और कुछ खिलाड़ी ऐसे हों हर 100 गेंदों पर 75 रन बनायें तो वह टीम किस तरह 50 ओवर में 250 रन पार कर सकती है।

राहुल द्रविड़ के बारे में देखा गया था कि जब वह बल्लेबाजी करने आते थे उस समय भारत का रन रेट छह रन प्रति ओवर होता था और जब वह आउट होकर जाते थे तो वह रन रेट चार-साढ़े चार कभी-कभी चार से भी कम हो जाता था। उन्होंने अब तक जो बड़ी पारियां खेली थीं उनमें स्ट्राइक रेट काफी खराब रहा था। द्रविड़ ने अब तक 55 वन डे मैच खेले थे जिसमें वह एक बार शतक बनाने मे कामयाब हुए और 11 बार अर्द्धशतक बनाने में। उन्होंने अपना अकेला शतक पाकिस्तान के खिलाफ चेन्नई में 1997 में बनाया था। वह इस मैच में 116 गेंदो पर 107 रन बनाने में सफल हुए थे। इसी मैच में सईद अनवर 194 रन सिर्फ 146 गेंदों में बनाने में सफल हुए थे।

1996 में टोरंटो में पहले सहारा कप में द्रविड़ ने पाकिस्तान के खिलाफ 90 गेंदों पर 90 रन प्रति पारी खेली थी जो एक अच्छी पारी थी। इसके अलावा कोलंबो में 1996-97 में श्रीलंका के खिलाफ वह 79 गेंदो पर 78 रन बनाने में सफल हुए थे। यह भी एक अच्छा प्रदर्शन था। इन दोनों पारियों के अलावा डरबन में 1996-97 में दक्षिण अफ्रीका के खिलाफ 94 गेंदों पर 84 रन बनाए और 1996-97 में ही मोहाली में ऑस्ट्रेलिया के खिलाफ 68 गेंदो पर 56 रन बनाये। यह दोनों पारियां भी संतोषजनक कही जा सकती हैं। लेकिन इन पांच पारियों के अलावा उन्होंने जब भी 50 या उससे अधिक की पारी खेली हैं, काफी गेंदें खराब की हैं।

1996-97 में स्टैंडर्ड बैंक ट्रॉफी के एक मैच में दक्षिण अफ्रीका के खिलाफ वह 104 गेंदो पर 50 रन बना सके थे। वेस्टइंडीज के खिलाफ सैंट विसेट में 1996-97 में वह 105 गेंदों में मात्र 74 रन बना पाये थे। इसी तरह श्रीलंका के खिलाफ मुंबई में वह 102 गेंदों पर सिर्फ 69 रन बनाने में सफल हुए थे। इसी मैच में सनत जयसूर्या ने 121 गेंदों पर 17 चौकों व 4 छक्कों की सहायता से 151 रन बनाए थे।

कोलंबो में 1997-98 में द्रविड़ 102 गेंदों पर 69 रन बनाने में सफल हुए, जबकि हैदराबाद के टाइटन कप के मैच में ज्ञह दक्षिण अफ्रीका के खिलाफ 87 गेंदों पर 62 रन बनाने में सफल हुए। पाकिस्तान के खिलाफ हैदराबाद (सिंध) में खेले गए मैच में द्रविड़ ने 81 गेंदों पर 50 रन ही बनाए। हैदराबाद की पिच गेंदबाजों की मदद कर रही थी।

द्रविड़ का सबसे अच्छा स्ट्राइक रेट ऑस्ट्रेलिया के खिलाफ रहा था। तब तक ऑस्ट्रेलिया के खिलाफ वह 70.75 रन के स्ट्राइक रेट के साथ तीन मैचों में 75 रन बनाने में सफल हुए थे। तब तो यही कहा जाता था कि अगर द्रविड़ को वन डे क्रिकेट की टीम में जगह बनानी है तो उन्हें अपनी बल्लेबाजी में तेजी लानी होगी। बाद में राहुल ने इसी फार्मूले पर काम किया। अपनी स्टाइलें बदलीं, मानसिकता में थोड़ा बदलाव लाए और शुरू हो गये। एक बार वह टीम में पुर्नस्थापित क्या हुए तब से वह हटाये नहीं हटे हैं। साथ ही उनके विकेटकीपर बने रहने का भी बहुत फायदा मिला है उन्हें। अब तो स्थितियां उनके सर्वथा अनुकूल हैं और हितकारी भी। अब वह चूंकि वहीं टीम के उपकप्तान भी हैं लिहाजा हम सब अभी से उनमें भारत के भावी कप्तान का भी तो अक्स देख रहे हैं। देखना भी चाहिये।

1999 के वर्ल्ड कप में टॉप स्कोरर और 2003 के वर्ल्ड कप में औसत बैटिंग के लिहाज से तीसरे नंबर पर रहने वाले राहुल द्रविड़ ने सिर्फ विकेट के आगे खड़े होकर ही बल्ला नहीं भांजा, बल्कि विकेट के पीछे खड़े होकर भी उन्होंने अपने काम को बखूबी अंजाम दिया है। पूरे मैच में सबसे ज्यादा अगर किसी को मेहनत करनी पड़ती थी या करनी पड़ती है तो वह विकेटकीपर ही तो होता है और राहुल द्रविड़ ने ऐसी मेहनत करके ही तो यह साबित किया है कि वह भारत की एकदिवसीय टीम का सबसे उपयोगी विकेटकीपर है। कैरियर की शुरुआत में उस पर बट्टा लगा था कि वह एकदिवसीय क्रिकेट का सबसे बुरा खिलाड़ी है और बेकार है वन डे के लिए। पर अब ऐसा नहीं है। अपनी मेहनत, लगन और कर्त्तव्यनिष्ठा के बूते पर उन्होंने अपना मुकाम हासिल कर लिया है।

हर पोजीशन में फिट

राहुल द्रविड़ हर पोजीशन पर फिट रहने वाला क्रिकेटर है। उनकी सबसे अच्छी बात यह है कि वह खेलते ही देश के लिए हैं। उन्हें चाहे विकेटकीपिंग करने के लिए कह दो, चाहे छठे नंबर पर बैटिंग करने के लिए भेज दो। वह खेलेंगे और हिट रहेंगे। चूंकि वह हर पोजीशन में फिट हैं, तभी तो लगातार हिट भी हैं।

पिछले साल नवंबर में मुंबई में भारत और ऑस्ट्रेलिया के साथ टेस्ट मैच खेला जा रहा था। गांगुली बीमार थे, लिहाजा द्रविड़ जी ही कप्तानी कर रहे थे। मैच में भारत लगभग फंसा था और भयंकर रूप से पिच भी टर्न कर रही थी। उससे पहले ही इस बात का ऐलान कर दिया गया था कि हो सकता है कि वीवीएस लक्ष्मण का यह अंतिम मैच हो, क्योंकि वह लगातार फेल होते जा रहे हैं। अब टीम के हित में यही रहेगा कि उन्हें टीम से बाहर कर दिया जाए। पर कप्तान द्रविड़ को उन पर भरोसा था। द्रविड़ तब भी और आज भी लक्ष्मण को तीसरे नंबर का सर्वश्रेष्ठ बल्लेबाज मानते थे और मानते हैं।

मुंबई के फंसे मैच में राहुल द्रविड़ ने जुआ खेला और भारत की दूसरी पारी में लक्ष्मण को तीसरे नंबर पर बैटिंग करने के लिए भेज दिया। खुद नीचे आ गए। आइडिया हिट हो गया। लक्ष्मण भी हिट हो गया और भारत मैच जीत गया।

मुंबई टेस्ट की दूसरी पारी में वी. वी. एस. ने 69 रन बनाये, जो उस सीरिज में सर्वश्रेष्ठ रहा, जबकि उससे पहले लक्ष्मण ने पूरी सीरीज में खेली गई छह पारियों में सिर्फ 54 रन बनाये थे।

राहुल द्रविड़ ने अपने इस हैदराबादी पट्ठे पर विश्वास किया और पट्ठा तीसरे नंबर पर फिट हो गया। मैच में राहुल खुद को निचले क्रम में ले आए। यहां द्रविड़ का उद्देश्य खुद को नहीं देश को चमकाना था। उनके इस फ़ैसले का परिणाम सार्थक निकला। देश भी जीत गया। लक्ष्मण भी जीत गया और राहुल भी।

कहते हैं कि सोने को जितना तपाओ उतनी ही चमक पाओगे। भारतीय क्रिकेट में राहुल द्रविड़ भी तो लगातार चमक बिखेरे जा रहा है। बेशक उसे कितना तपाओ, नंबर तीन की बजाय नंबर सिक्स पर भेजो। खरा सोना और

रिलायबल है राहुल। हर पोजीशन और हर दबाव में भरोसेमंद।

कर्नाटक के इस 26 वर्षीय कप्तान और भारत के उपकप्तान पर दुनिया की कोई भी टीम भरोसा कर सकती है। कोई भी गेंदबाज हो, कैसी भी पिच हो वह अपनी शानदार तकनीक और सुदृढ़ मानसिकता के बल पर रन बनाने लगता है और बनाता ही चला जाता है। आप कह सकते हैं कि यदि आप में सचमुच वास्तविक प्रतिभा है और आप मानसिक रूप से मजबूत हैं तो कोई भी गेंदबाज आपको बांध नहीं सकता। राहुल कप्तान गांगुली की तरकस का वह तीर है जो हमेशा निशान पर ही लक्ष्य साधता है। उसके आंकड़े चौकाने वाले हैं तो स्ट्रोक मन मोह लेते हैं।

इस खेल के साथ एकाग्रता और संयम बखूबी जुड़ा हुआ है। जिस खिलाड़ी में यह चीज नहीं वह लम्बी दौड़ का घोड़ा नहीं साबित हो सकता। मशीन भी लगातार चलते-चलते गर्म हो जाती है तब उसे रोककर ठण्डा किया जाता है। ऑस्ट्रेलिया के खिलाफ 2001 की टेस्ट सीरीज के आधे रास्ते तक वह इसी अंदाज में था। तीन पारियों में क्षणिक असफलता से लोग बेचैन हो उठे। बेशक एक खिलाड़ी से परे टीम का लगातार पराजित होना अच्छी बात नहीं है। इससे उसके प्रशंसकों पर प्रभाव पड़ता है। टीम का मनोबल नीचे आता है। दरअसल एक टीम गेम में इन्हीं परिस्थितियों में दूसरे खिलाड़ी टीम को संभाल लेते हैं, किन्तु भारतीय टीम के साथ ऐसा कम ही देखने को मिलता है। पिछले एक अरसे तक प्रदर्शन एकाध खिलाड़ियों के इर्द-गिर्द ही सिमटता नजर आता था। विशेष रूप से वंडर ब्वाय सचिन के प्रदर्शन का सीधा असर दिखाई पड़ता था।

उस ऐतिहासिक सीरिज के मुंबई के बाद कोलकाता टेस्ट मैच की पहली पारी में रास्ते में आउट हो जाने के बाद राहुल की जगह वीवीएस लक्ष्मण को बल्लेबाजी करने लिए भेजा गया तो लोग आश्चर्य में पड़ गये। उपकप्तान ने इसे कुछ भी गलत नहीं माना। उसने बखूबी लास्ट स्पेशलिस्ट बैट्समैन की भूमिका निभाई। लक्ष्मण के साथ खेलते हुए उसने भारतीय क्रिकेट में चमत्कार की पटकथा लिखी, जिसे हरभजन सिंह ने हैट्रिक लेकर साकार किया। प्रतिभा को ढंक कर अथवा दबाकर नहीं रखा जा सकता। हालांकि क्रिकेट में प्रत्येक बल्लेबाजी क्रम की अपनी अलग अहमियत होती है। उसके हिसाब से भूमिका निभानी होती है। सफलता के लिए इस स्थिति को समझना निहायत जरूरी है। दो राय नहीं कि राहुल सोने सा खरा दिखा था।

भारतीय क्रिकेट प्रेमियों में अधीरता होती है। उनकी याददाश्त भी बहुधा

कमजोर होती है। मुंबई में राहुल फेल हुआ तो वे नाराज हो उठे। कोलकाता की पहली पारी में जल्दी आउट हो गया तो लोग उसे टेस्ट मैच टीम से ड्रॉप करने की बाते करने लगे। तब उन्हें याद नहीं था कि उससे पिछले ही दौरे में उसने जिम्बाब्वे की गेंदबाजों की धज्जियां उड़ाई थीं। दिल्ली टेस्ट में द्विशतकीय भागीदारी ने उसे शीर्ष पर पहुंचा दिया जो उसके जीवन का सर्वश्रेष्ठ है। एकदिवसीय मैचों में लोग उससे अपेक्षा करते हैं कि वह विकेट पर पहुंचते ही स्ट्रोक खेलना शुरू कर दे। ध्यान रहे कि वह जयसूर्या, शाहिद अफरीदी अथवा सचिन तेंदुलकर के क्लास वाला ताबड़तोड़ बल्लेबाज नहीं है। वह तकनीक का बेजोड़ कलाकार है। सामान्यत: उसे तीसरे नंबर पर बल्लेबाजी करनी होती है। मैच विशेष की स्थितियां तय करती हैं कि उसे कैसी बल्लेबाजी करनी है या फिर सामने कौन सा गेंदबाज है। आउट होने के लिए महज एक गेंद चाहिये होती है। उसे एकदिवसीय क्रिकेट के माफिक तेज खेलना बखूबी आता है। तभी तो उसके पास 36.76 के बढ़िया औसत से इस वक्त 6595 रन हैं। पांच साल पूर्व भारत दौरे पर आई न्यूजीलैंड की टीम के विरुद्ध उसने कमाल की तूफानी पारी खेलकर भारत को जीत दिलाई। उस मैच में उसने बेहतरीन 153 रन ठोके जो उसका बेस्ट स्कोर है। उसका कमाल यहीं खत्म नहीं होता। उसने 11 शतक तथा 30 अर्द्धशतक जमाए हैं। इसके उलट टेस्ट मैचों में उसका रिकॉर्ड अद्‌भुत है। उसने 73 टेस्ट मैचों में 53.82 के औसत से 7110 रन बनाए हैं। इनमें 15 शतक भी शामिल हैं। टेस्ट मैच में पचास से ऊपर का औसत निकालने वाले वह दुनिया में चंद गिने-चुने बल्लेबाज हैं।

राहुल आंकड़ों के पार का चमकदार सितारा है। वह घरेलू विकेटों के अलावा विदेशी धरती पर भी जमकर खेलने में माहिर है। इस मामले में वह वंडरब्वाय सचिन से भी आगे हैं। पिछले एक दशक के कैरियर में वह बदली परिस्थितियों तथा अलग पिचों पर भी खूब सफल रहा है, जबकि दूसरे भारतीय खिलाड़ी संघर्षरत दिखे। वह पिछले जिम्बाब्वे दौरे में भी सफल रहा और इस बार भी उससे सबसे ज्यादा सफलता की उम्मीद की जा रही है। वह अपेक्षाओं पर खरा उतरेगा, इसमें किसी को संदेह हो तो वह दौरे के पहले वार्म अप मैच का स्कोर कार्ड देख सकता है। वह परिस्थितियों से सामंजस्य बिठाने की कला सबसे अधिक जानता है। उसने शतक के साथ शानदार सफलता का आगाज किया है। यह शतक उसने छठवें नंबर पर खेलते हुए लगाया है। इस क्रम पर उतरने वाले बल्लेबाज को मालूम होता है कि उसे सहारा देने के लिये आगे कोई विशेषज्ञ बल्लेबाज नहीं है लिहाजा उसे विशेष जिम्मेदारी से दोनों छोर

कवर करते हुए रन बनाना होता है। उसने यह काम ऑस्ट्रेलिया के खिलाफ एकदिवसीय मैचों में भी कर दिखाया है।

अपार सफलता के बावजूद राहुल ने कभी भी शोमैन बनने की कोशिश नहीं की। ऑस्ट्रेलिया के खिलाफ तीन दिवसीय तैयारी मैच के दौरान वह हजारों दिवानी किशोरियों से घिरा था, लेकिन फिरोजशाह कोटला में वह हम पत्रकारों के सामने उतना ही विनम्र और सरल था। एक सवाल के जवाब में उसने कहा–'मेरे लिये व्यक्तिगत स्कोर उतना महत्व नहीं रखता, जितना टीम का हित। यदि टीम को जरूरत हुई तो मैं बेहद सुरक्षात्मक बल्लेबाजी करूंगा।'

उसे बखूबी याद है तब के जिम्बाब्वे दौरे में भारतीय टीम के हाथ आई जीत का अपना अलग महत्व है। पिछले दिल्ली टेस्ट में बनाए गये दोहरे शतक का क्या लाभ यदि टीम जीत हासिल नहीं करती। वास्तव में फ्लो में बल्लेबाजी कर रहे राहुल को देखने से बढ़कर कोई बात नहीं हो सकती। उसके स्ट्रोक में कलात्मकता है। टाइमिंग इतनी लाजवाब कि आप वाह–वाह कर उठते हैं। कवर ड्राइव व स्ट्रेट ड्राइव को रोकना मुश्किल होता है। स्वीप शॉट खेलने में कमाल की महारत हासिल है। लंबे कद व बेहतरीन फुटवर्क के कारण वह तेज गेंदों पर पुल और हुक शॉट भी बखूबी लगाता है। ऑस्ट्रेलियाई गुगली गेंदबाज शेन वार्न कहता है–'उनका फुटवर्क शानदार है। वह बहुत जल्दी गेंद पर आ जाता है। स्वीप शॉट बड़े अधिकार से लगाता है। ऐसे में उसे गेंद फेंकना आसान नहीं है।

राहुल की शुरुआत सपनों सरीखी रही है। वह केवल पांच रन से लॉर्डस में शतक बनाने से चूक गया। अगली पारी में भी उसने शानदार 84 रन बनाये। शतक न बना पाने की निराशा जरूर है, पर उसे इसके लिए इंतजार करना होगा। उसे धैर्य रखना खूब आता है इसी के दम पर तो उसने लंबी पारियां खेली हैं।

सुनील गावस्कर के अंदाज में उसने विदेशी विकेटों पर जमकर रन बनाए हैं जबकि कहा जाता है कि भारतीय बल्लेबाज केवल अपने विकेटों के ही बादशाह होते हैं। कैरियर का यह उज्ज्वल पक्ष उसका कद और ऊपर उठाते हैं। उसने टेस्ट मैचों में पहला शतक जोहांसबर्ग में लगाया। 1996 में 148 रन की पारी खेलने के अलावा पूरे दौरे में तीन अर्द्धशतक बनाए। अगले ही साल टीम जब वेस्टइंडीज दौरे पर गई तो उसने 92 रन की बेशकीमती पारी खेली। पिछले जिम्बाब्वे (1998) दौरे मे उसने कलात्मक 118 रन बनाए पर वह भारत को हार से नहीं बचा सका।

राहुल ने न्यूजीलैंड दौरे में एक ही टेस्ट मैच की दोनों पारियों में शतक जमाया। हैमिल्टन टेस्ट में उसने 190 तथा नाबाद 103 रन बनाए। इस उपलब्धि

को न्यूजीलैंड के पुराने कप्तान मार्टिन क्रो ने बेजोड़ बताया था। उसका पांचवां शतक भी विदेशी धरती पर ही बना। घरेलू विकेट पर पहला शतक (144) मोहाली में न्यूजीलैंड के खिलाफ बनाया। इस शतक ने भारतीय कोच कपिल देव को बहुत प्रभावित किया। ध्यान रहे कि मोहाली की पहली पारी में भारतीय टीम का जुलूस निकल गया था।

कर्नाटक का यह युवक केवल प्रतिभावान क्रिकेटर ही नहीं, बल्कि क्रिकेट का मेधावी छात्र भी है। वह समय मिलने पर क्रिकेट साहित्य का अध्ययन करता है। पिछले विश्व कप के दौरान न्यूजीलैंड के खिलाफ मैच की पूर्व संध्या पर प्रेक्टिस के बाद आराम करने की बजाय भाग कर पास के बुक स्टॉल से कई किताबें उठा लाया। वह कहता है-'मुझे क्रिकेट साहित्य हमेशा संतोष प्रदान करता है। मैं पढ़ने का मौका नहीं गंवाता हूं।'

उसे क्रिकेट दौरों में महान खिलाड़ियों से बतियाते आसानी से देखा जा सकता है। वह स्थानीय खिलाड़ियों से अपनी जिज्ञासा का जवाब पाने में झिझकता नहीं है। ऐसे बहुमूल्य सुझाव उसके लिये लाभदायक रहे हैं। वह अपने ज्ञान को बांटता भी है जब कोई टीम साथी उसके पास सलाह के लिए जाता है। टीम साथी बताते हैं कि राहुल में कोई 'ईगो' नहीं है। वह टीम के युवा साथियों के पास जाता है ताकि वे ड्रेसिंग रूप में सहज रहे।

लिटिल मास्टर गुंडप्पा विश्वनाथ ने घरेलू क्रिकेट में राहुल की प्रतिभा की परख की और भारतीय टीम में खेलने के लिए सेलेक्ट किया। वह इतना परफेक्ट बल्लेबाज है कि उसके स्ट्रोक ठीक वहीं जाते हैं जहां क्रिकेट की किताब में उसका स्थान होता है। मैचों में वह स्वीट टाइमिंग के साथ बहुत ताकतवर स्ट्रोक खेलने में माहिर है। पर चूंकि शास्त्रीय शैली की बल्लेबाजी में चतुर विपक्षी कप्तान फील्डरों की तैनाती करते हैं लिहाजा शुरू के कुछ वर्षों तक उसे तेजी से रन जुटाने में सफलता नहीं मिली। वह अपनी शैली में बदलाव करने को तैयार नहीं हुआ, लिहाजा कहा गया कि टेस्ट मैचों का वह बेजोड़ खिलाड़ी है।

प्रतिभा लंबे समय तक दबा कर नहीं रखी जा सकती, इसलिए न्यूजीलैंड दौरे पर उनके प्रति सेलेक्टरों की राय बदल दी। उसे टेस्ट के बाद एकदिवसीय मैचों में भी उतारा गया तो सफलता का नया सिलसिला शुरू हो गया। इसके बाद शुरू हुआ विश्व कप की तैयारी का सिलसिलाL तब भारतीय टीम के तत्कालीन कंस्लटेंट बॉब सिम्पसन ने राहुल को खेल की बारीकियां बताई। मौके की नजाकत को समझते हुए गेंद को साफ्ट ट्रीटमेंट के गुर सिखाए। साथ

ही स्ट्राइक रोटेट करने के लाभ बताए। वह एक छात्र की तरह गंभीर था। इसका सुपरिणाम पूरे विश्व कप में दिखा। उसने न केवल श्रीलंकाई गेंदबाजों की जमकर खबर ली बल्कि चैंपियनशिप का सर्वश्रेष्ठ बल्लेबाज बना। कल तक एकदिवसीय मैचों के लिये अनफिट बताये जाने वाले इस क्रिकेटर के पास आज 45 से ऊपर का औसत है।

सन् 2001 की ऑस्ट्रेलिया के विरुद्ध घरेलू टेस्ट सीरीज में जब उसे परंपरागत तीसरे नंबर से हटाकर छठे नंबर पर भेजा गया तो कुछ लोगो को उसकी सफलता पर संदेह था, पर इसका असर उसकी अच्छी बल्लेबाजी पर नहीं पड़ा। वह उतना ही सहज दिखा और लगातार रन बना रहा था। उधर दबाव तो वीवीएस लक्ष्मण पर भी था कि वह अपने प्रिय बल्लेबाजी क्रम पर सफलता बरकरार रखे। घरेलू विकेट पर तो ठीक है विदेशी धरती पर ऐसा करना आसान नहीं है। मूविंग गेंदों पर लक्ष्मण की परीक्षा होनी शेष थी। जिम्बाब्वे दौरे पर जाने से पूर्व राहुल ने कहा था कि उसकी अपनी कुछ महत्वाकांक्षाएं जरूर हैं, पर सर्वोपरि है टीम का हित। ऐसे ईमानदार और परिश्रमी क्रिकेटर पर किस कप्तान को नाज नहीं होगा। सौरव खुलकर अपने सहायक की तारीफ करता है–'वह भारतीय टीम की शान है। हमने जब भी संकट के बेला में उसे दस्ताने थमायें तो उसने हमें कभी निराश नहीं किया। यही नहीं वह उपयोगी स्पिन गेंदबाजी भी कर सकता है।' जिस खिलाड़ी पर कप्तान को इतना भरोसा हो, उसके पीछे करोड़ों दीवानें हों, वह कितना महान होगा यह बात आसानी से समझी जा सकती है।

जिम्बाब्वे के खिलाफ खेले गए पहले तीन दिवसीय मैच में शतक जमाकर जहां द्रविड़ ने एक बार फिर से अपनी उपयोगिता सिद्ध की, वहीं बुलावायो के पहले टेस्ट में फिर उसने उम्दा बल्लेबाजी की और टीम को ठोस आधार प्रदान किया और अपनी टीम को जिम्बाब्वे से बढ़त भी दिलवाई। कुल मिलाकर तो यही कहा जा सकता है कि राहुल हर जगह और हर नंबर का फिट बल्लेबाज है। उसे बस चांस देते रहिए, वह सफल होता ही रहेगा।

कुल मिलाकर तो यही कहा जा सकता है कि पिछले साल मुंबई में ऑस्ट्रेलिया के खिलाफ खेले गए टेस्ट मैच में टीम के कप्तान राहुल द्रविड़ ने मौके की नजाकत को देखते हुए वी वी एस लक्ष्मण को तीसरे नंबर पर भेज दिया। खुद पांचवें नंबर पर खेले नतीजा सार्थक रहा। भारत ने मुंबई टेस्ट में कंगारुओं को चित कर दिया। यानी द्रविड़ ने कुर्बानी दी, रिजल्ट भारत के पक्ष में चला गया।

तीसरे नंबर का कलाकर

वैसे तो भारतीय क्रिकेट टीम के उपकप्तान तथा मिस्टर कूल के नाम से मशहूर राहुल द्रविड़ अब किसी परिचय के मोहताज नहीं हैं, पर पिछले दिनों उन्होंने जो कीर्तिमान बनाये हैं, उसने इस भारतीय स्टार बल्लेबाज का नाम विश्व क्रिकेट के पटल पर स्वर्णाक्षरों में अंकित कर दिया है। चटगांव टेस्ट मैच में सन् 2004 के अंतिम दिनों में जो शतक उन्होंने बनाया वह शतक संख्या के हिसाब से मात्र 18वां शतक ही था, पर रिकॉर्ड के मापदंड पर यदि इस शतक को तौला जाये तो यह शतक बहुत-बहुत बड़ा हो जाता है, क्योंकि इसी एक शतक ने ही तो सब टेस्ट खेलने वाले देशों के खिलाफ शतक बनाने में उन्हें कामयाबी दिलाई ही, साथ ही वह दुनियां के पहले ऐसे बल्लेबाज बन गए हैं, जिन्होंने टेस्ट खेलने वाले सभी देशों की धरती पर भी शतक बनाने में कामयाबी पा ली है। पिछले साल ही तो वह पाकिस्तान के खिलाफ 270 रनों की पारी खेले थे जो उनकी सर्वश्रेष्ठ पारी भी बनी और सर्वश्रेष्ठ स्कोर भी। इन्हीं सब बातों का घालमेल ही यह निकला है कि उन्हें इस वक्त दुनिया का सर्वश्रेष्ठ वन डाउन बल्लेबाज माना जाने लगा है। वन डाउन वे बल्लेबाज होते हैं जो तीसरे नंबर पर बैटिंग करने के लिये उतरते हैं।

इस पोजीशन पर वैसे तो तमाम अच्छे खिलाड़ी खेलते हैं पर जो उम्दा बल्लेबाज इस क्रम में खेलने के लिए उतरते हैं उनमें राहुल द्रविड़ के अलावा हैं ऑस्ट्रेलिया के कप्तान रिकी पोंटिंग, न्यूजीलैंड के कप्तान स्टीफन फ्लेमिंग, दक्षिण अफ्रीका के जैक कैलिस, श्री लंका के कुमार संगकारा, पाकिस्तान के यूनिस खान और इंग्लैंड के मार्क बुचर। पहले इस पोजीशन पर इंग्लैंड के पूर्व कप्तान नासिर हुसैन खेलते थे।

इतने बड़े दिग्गजों के बीच स्थान पाना ही अपने आप में बहुत बड़ी बात है। सर्वश्रेष्ठ साबित करना तो बड़ी नही, बहुत बड़ी बात होगी। हां, हम यहां पर यह जरूर स्पष्ट कर देना चाहेंगे कि हम यहां चर्चाओं और रिकॉर्डों के माध्यम से ही ये साबित करने का प्रयास करेंगे कि कौन है सर्वश्रेष्ठ वन डाउन बल्लेबाज पर हम इस चर्चा में सिर्फ तीन चार श्रेष्ठ बल्लेबाजों को ही शामिल करेंगे, क्योंकि श्रेष्ठ में ही तो मुकाबला करवा कर सर्वश्रेष्ठ का चयन किया

जा सकता है। आइये थोड़ा पीछे चलते हैं-

यह बात है सन् 2003 के एक दिन की। उस दिन दक्षिण अफ्रीका और इंग्लैंड के बीच टेस्ट मैच खेला जा रहा था और कमेंटेटर बॉक्स में पूर्व वरिष्ठ क्रिकेटर बहस करने में जुटे थे। ये दो पूर्व दिग्गज क्रिकेटर थे ऑस्ट्रेलिया के पूर्व तूफानी बल्लेबाज डीन जोंस और दक्षिण अफ्रीका के पूर्व मशहूर ऑफ स्पिनर पैट सिमकॉक्स। दोनों के दोनों बड़ी जोरदार बहस कर रहे थे। ऐसा भी नहीं था कि वह बहस निरर्थक थी। बहस का विषय अच्छा था। बहस का विषय यह था कि आज की तारीख में टेस्ट क्रिकेट में तीसरे नंबर पर बल्लेबाजी करने वाला सवश्रेष्ठ बल्लेबाज कौन है?

इस बहस में जिन तीन बल्लेबाजों को लेकर खींचतान चल रही थी वे तीनों बल्लेबाज थे-भारत के राहुल द्रविड़, ऑस्ट्रेलिया की एकदिवसीय क्रिकेट टीम के कप्तान रिकी पोंटिंग और दक्षिण अफ्रीका के मशहूर ऑलराउन्डर जैक कैलिस। बहस में इन्हीं तीन दिग्गज खिलाड़ियों की तारीफों की पुल बांधे जा रहे थे और यह बताने की कोशिशें हो रही थीं कि ये तीनों ही नंबर वन बल्लेबाज हैं, पर इन तीनों में से सर्वश्रेष्ठ कौन है? इसी बात को लेकर दोनों कमेंटेटर बहस कर रहे थे और अपने अपने तर्क भी दे रहे थे। हां, बीच-बीच में कुतर्कों का भी बाजार गरम था।

इस जोरदार बहस का सबसे रोचक पहलू यह था कि चूंकि डीन जोंस ऑस्ट्रेलिया के हैं, इसीलिये वह तो अपने देशवासी रिकी पोंटिंग का जमकर साथ दे रहे थे। उनके हिसाब से तो रिकी पोंटिंग ही टेस्ट क्रिकेट के तीन नंबर के सर्वश्रेष्ठ बल्लेबाज हैं। उधर दक्षिण अफ्रीका के पूर्व ऑफ स्पिनर पैट सिमकॉक्स का तर्क कुछ और ही कहानी कह रहा था। वह अपने देशवासी जैक कैलिस का पक्ष नहीं ले रहे थे। वह पक्ष ले रहे थे भारत के मिस्टर वॉल यानी राहुल द्रविड़ का। उनका तो साफ तौर पर यह मानना था कि राहुल ही दुनिया का तीसरे नंबर का सर्वश्रेष्ठ बल्लेबाज है।

ये दोनों कमेंटेटर अपने-अपने तर्कों से अपनी बात कह रहे थे। डीन जोंस के तर्कों में जहां कंगारुओं के आत्ममुग्धता की बू आ रही थी वहीं पैट सिम कॉक्स के तर्को में क्रिकेट की भीनी भीनी सुगंध आ रही थी। वह बिना लाग-लपेट के बहस कर रहे थे और निष्पक्ष भाव से और आंकड़ों के माध्यम से अपनी बात कह रहे थे और बता रहे थे कि द्रविड़ सर्वश्रेष्ठ हैं तो क्यों हैं?

बहरहाल, ये तो थी विद्वानों की राय। आइए, हम आप भी इस मसले पर तर्क-कुतर्क करते हैं और देखते हैं कि आखिरकार इन तीन नामी बल्लेबाजों

में से सर्वश्रेष्ठ कौन है?

पहले चर्चा करते है दक्षिण अफ्रीका के बेहतरीन ऑलराउन्डर जैक कैलिस की। जहां तक उनके कीर्तिमानों की बात आती है तो उस मामले में कैलिस बहुत ही भाग्यशाली नजर आते हैं और दमदार भी दिखते हैं। उन्होने अब तक 66 टेस्ट मैच खेले हैं, जिनमें 107 पारियों में उन्होंने बल्लेबाजी की है। 18 बार वह नॉट आउट रहे हैं और कुल चार हजार 486 रन बनाए हैं और उनका टेस्ट मैचों में सर्वश्रेष्ठ स्कोर रहा है 189 रन नॉट आउट। उनका औसत है 50.40 रन प्रति पारी। उन्होंने अब तक 11 शतक जमाए हैं और 25 अर्द्धशतक। हां उन्होने 64 कैंच भी पकड़े हैं। जैक कैलिस की सबसे बड़ी और खास बात यह है कि वह राहुल द्रविड़ और रिकी पोंटिंग की तरह सिर्फ खालिस बल्लेबाज ही नहीं हैं वह आला दरजे के गेंदबाज भी हैं। उनके अब तक के गेंदबाजी के रिकॉर्ड खुद-ब-खुद इस बात की गवाही देने के लिए पर्याप्त हैं कि जैक कैलिस किस स्तर के और कैसे गेंदबाज हैं। एक नजर उनके रिकॉर्डो पर-

जैक कैलिस अब तक 8793 गेंदें फेंकी हैं, जिसमें 420 ओवर मेडन रहे हैं। इस दौरान उन्होंने 3919 रन दिए हैं और कुल 137 विकेट लिए हैं। 67 रन पर छह विकेट उनका सर्वश्रेष्ठ गेंदबाजी का विश्लेषण रहा है। वह अब तक तीन बार पांच या पांच से ज्यादा विकेट ले चुके हैं और उनका स्ट्राइक रेट 64. 18 है। गेंदबाजी के इस रिकॉर्ड को देखकर तो कोई भी शख्स यह कह सकता है कि कैलिस नौसिखिए नहीं, बल्कि एक उम्दा और स्तरीय गेंदबाज हैं। इस मामले में भी उनकी प्रतिभा और योग्यता को कतई नकारा नहीं जा सकता है।

पिछले दिनों इंग्लैंड में कैलिस के बल्ले के रंग देखते ही बन रहे थे। हालांकि वह रंग टेस्ट क्रिकेट के नहीं थे, लेकिन फिर भी जून के अंतिम दिनों में उन्होंने नेटवेस्ट ट्रॉफी में रंग जमाया था।, वह देखने लायक था। उसी प्रतियोगिता के बाद ही वह दक्षिण अफ्रीका वापस चले गये, क्योंकि उनके पिताजी उन दिनों कैंसर से जूझ रहे थे और कुछ दिनों के बाद ही उनका इंतकाल हो गया था।

वह अपने पिताजी को बहुत प्यार करते थे, तभी तो नेटवेस्ट ट्रॉफी में जब वह खेलने के लिये उतरे थे, तब उन्होंने 65वें नंबर की जरसी पहन रखी थी 65वें नंबर की जरसी कैलिस के पिता की उम्र को दर्शा रही थी। अपने पिताजी की मृत्यु के चलते ही वह वर्तमान टेस्ट श्रंखला के शुरू के दो टेस्ट मैच भी नहीं खेल पाये, वरना यदि वह खेलते तो यहां बहुत ही शानदार खेल का

मुजाहिरा करते, क्योंकि इन दिनों वह किस तरह के फार्म में होते यह हम सब भली-भांति जानते हैं।

पिछले दिनों एक बातचीत में उन्होंने स्वीकारा था कि मैं अपनी टीम में एक ऑलराउन्डर की हैसियत से नहीं खेलता। टीम में मेरी मुख्य भूमिका बल्लेबाज की रहती है। मेरी गेंदबाजी तो टीम के लिये बोनस का काम करती है। वह कहते हैं कि मैं मूल रूप से टीम का खिलाड़ी हूं। टीम हित मेरे लिये सबसे पहले होता है। मेरा असली लक्ष्य यही होता है कि मेरी टीम जीते। अगर मेरी वजह से मेरी टीम जीतती है, तो उस दिन मैं अपने आपको धन्य समझता हूं।

जहां तब राहुल द्रविड़ की योग्यता का सवाल है तो उनके रिकॉर्डों को देखकर इस बात को आसानी से समझा जा सकता है कि वह कितने योग्य हैं और कैलिस एवं पोंटिंग से बेहतर हैं तो क्यों बेहतर हैं? राहुल द्रविड़ ने अब तक कुल 86 टेस्ट मैच खेले हैं। इस दौरान उन्होंने सात हजार 314 रन बनाए हैं और उनका सर्वश्रेष्ठ स्कोर रहा है 270 रन। उनका औसत 54.47 रन प्रति पारी है। अब तक उनके बल्ले से कुल 18 शतक निकले हैं और 28 अर्द्धशतक। उनके बारे में यह भी कहा जाता है कि वह बहुत अच्छे क्षेत्ररक्षक भी हैं। वैसे उन्होंने अब तक 100 से ज्यादा कैच भी लपके रखे हैं, और हां गेंदबाजी के मामले में भी उनका खाता खुल चुका है। उनके नाम पर 39 रन पर एक विकेट दर्ज है।

राहुल द्रविड़ को तो वैसे भी विदेशी धरती का महानायक माना जाता है। 1998 में इंग्लैंड के दौरे पर उन्होंने ओवल में जो दोहरा शतक जमाया था उसे लोग अब तक नहीं भूल पाये हैं। 217 रनों की उस पारी ने राहुल का कद बहुत ऊंचा कर दिया था। तब तक यही 217 रन उनके कैरियर का सर्वोच्च स्कोर भी था। इससे पहले उनका सर्वश्रेष्ठ स्कोर 200 रन था जो उन्होंने सन् 2000 में दिल्ली के फिरोजशाह कोटला मैदान में जिम्बाब्वे के खिलाफ बनाया था। वैसे इस समय उनका सर्वश्रेष्ठ स्कोर है 270 रन।

1998 का इंग्लैंड का दौरा वैसे भी राहुल द्रविड़ के लिए काफी लाभदायक रहा था। उस श्रृंखला में उन्होंने चार टेस्ट मैचों में 602 रन बनाए थे। जिसमें तीन शतक और एक अर्द्धशतक था। तब उन्हें श्रृंखला का सर्वश्रेष्ठ भारतीय खिलाड़ी चुना गया था।

शास्त्रीय शैली से क्रिकेट खेलने वाले राहुल द्रविड़ को भरोसेमंद बल्लेबाज अगर कहा जाता है तो यूं ही नहीं कहा जाता है। घर के शेर तो तमाम होते

हैं, पर असली शेर तो वही कहलाता है जो घर के बाहर खेलता है और बढ़िया खेलता है। राहुल द्रविड़ ने अपने टेस्ट कैरियर में कुल 7314 रन बनाए हैं। इनमें से 4314 रन तो उसने भारत के बाहर खेले गए टेस्ट मैचों में बनाए हैं। यही नहीं, उन्होंने अपने टेस्ट कैरियर में अब तक जो 18 टेस्ट शतक बनाए हैं, उनमें से 12 शतक उन्होंने भारत के बाहर ही बनाए हैं।

इधर हाल के वर्षों में राहुल की बल्लेबाजी में बड़ा जबरदस्त सुधार आया। वजह यह कि उन्होंने अपने लिये एक पर्सनल ट्रेनर रख लिया है। उस ट्रेनर के ही रखे जाने का यह सुपरिणाम निकला है कि वह अब पहले से भी ज्यादा गंभीर और भरोसेमंद हो गए हैं। पहले उनके खेल में कभी-कभार जो कमियां दिख जाती थीं, अब नहीं दिखती हैं। तभी तो अब वह ज्यादा परिपक्व और ठोस दिखते हैं। यही असली वजह है जो उन्हें तीसरे नंबर का विश्व का सर्वश्रेष्ठ बल्लेबाज बनाता है।

ऑस्ट्रेलिया की एकदिवसीय क्रिकेट टीम के कप्तान और टेस्ट टीम के कप्तान रिकी पोंटिंग को भी आज की तारीख में एक बेहतरीन बल्लेबाज माना जाता है। उन्होंने 2003 का विश्व कप ऑस्ट्रेलिया को जिताकर यह संदेश तो विश्व क्रिकेट को दे ही दिया था कि वह कितने योग्य कप्तान हैं। जहां तक उनकी बल्लेबाजी की क्षमताओं का सवाल उठता है तो उनके आंकड़े इस बात की पूरी गवाही दे देते हैं कि वह बहुत ही आला दरजे के बल्लेबाज हैं। एक नजर उनके बल्लेबाजी आंकड़े पर-

रिकी पोंटिंग के बारे में यह बात भी कही जाती है जब किस्मत अपना दरवाजा खोलती है तो एक सामान्य खिलाड़ी को भी पहलवान बना देती है। यह डायलॉग रिकी पोंटिंग पर बिल्कुल सटीक बैठता है। जब से वह ऑस्ट्रेलिया की एकदिवसीय टीम के कप्तान बने हैं तब से उनकी किस्मत जमकर कुलांचे मार रही है वह नित्य प्रति सफलता की सीढ़ियां चढ़ते जा रहे हैं।

सन् 2003, में उन्होंने गज़ब ही ढा दिया। चार मैचों में चार शतक झोंककर उन्होंने विश्व क्रिकेट को एक बार फिर यह बतला दिया कि उन्हें तुक्के में कप्तान नहीं बनाया गया, वह इस पद के लायक थे, तभी उन्हें कप्तान बनाया गया है। आपको यह तो याद ही होगा कि उन्होंने विश्व कप के फाइनल में भारत के खिलाफ नाबाद शतक जमाया था। तब उन्होंने 121 गेंदों में 140 रन बनाए थे और अंत तक आउट नहीं हुए थे। उसके बाद उनकी टीम गई वेस्टइंडीज के दौरे पर। वहां तो उनहोंने और भी रंग उड़ेल दिया।

जार्जटाउन में खेले गये पहले टेस्ट मैच में पहली पारी में उनके बल्ले से

निकले 42 रन नॉट आउट। दूसरा टेस्ट जो पोर्ट ऑफ स्पेन में खेला गया, उसमें उन्होंने दोहरा शतक झोंक दिया। यह उनके टेस्ट कैरियर का सर्वश्रेष्ठ स्कोर भी था 206 रन। वैसे यह उनका पहला दोहरा शतक भी था। दूसरी पारी में उन्होंने बनाए 45 रन। तीसरा टेस्ट मैच जो ब्रिजटाउन में खेला गया था, वहां पर भी उन्होंने शतक बनाया। 113 रन बनाकर वह आउट हो गए। चौथे टेस्ट में वह खेल नहीं पाए, क्योंकि तब वह बुखार से पीड़ित थे। वैसे उस टेस्ट शृंखला में उन्होंने 130.75 रन प्रति पारी के हिसाब से कुल 523 रन बनाए थे। चौथा टेस्ट खेलते तो पता नहीं क्या कर डालते। वैसे चौथा टेस्ट मैच वेस्टइंडीज ने ऑस्ट्रेलिया को हराकर जीत लिया था।

19 दिसंबर 1974 को तस्मानिया में जन्मे रिकी पोंटिंग को भी कोई आसानी से ही टेस्ट टीम में जगह नहीं मिली थी। कभी कोई खिलाड़ी अगर बीमार पड़ता था, तभी उन्हें अवसर मिलता था। धीरे-धीरे वह सेट होते चले गए। 1995-96 में श्रीलंका के खिलाफ़ पहला टेस्ट मैच खेले थे तब तीन मैचों में वह दो अर्द्धशतक मारने में वह कामयाब हो गये थे। उसके बाद इंग्लैंड और पाकिस्तान के खिलाफ भी वह सफल रहे। नतीजतन वह टेस्ट टीम के भी स्थायी सदस्य हो गए। अब उनकी क्या स्थिति है, यह तो हम देख ही रहे हैं।

हालांकि इस लेख में सिर्फ उन तीन दिग्गजों की चर्चा की गई है जो इस समय तीसरे नंबर पर बढ़िया खेल का मुजाहिरा कर रहे हैं। इनके अलावा विश्व क्रिकेट में और भी कई अच्छे बल्लेबाज हैं, जो खुद भी तीसरे नंबर पर बल्लेबाजी करने के लिए उतरते हैं। इनमें से कुछेक का यहां जिक्र होना जरूरी है। इनमें से प्रमुख है वेस्टइंडीज के-रामनरेश सरवन, डेरेन गंगा और वॉवेल हाइंडस। इन तीनों को ही बदल बदलकर तीसरे नंबर पर उतारा जाता है, लेकिन इनमें से कोई भी इतना योग्य नहीं है जिसकी यहां पर चर्चा भी की जा सके। इसी तरह से कुमार संगकारा (श्रीलंका), मार्क बुचर (इंग्लैंड), हबीबुल बशर (बांग्लादेश) यूनुस खान (पाकिस्तान) के नामों पर भी विचार किया जा सकता था, लेकिन इनके नामों पर किसी भी तरह से गौर नहीं किया जा सकता। वैसे न्यूजीलैंड के कप्तान स्टीफन फ्लेमिंग को इस सूची में स्थान अवश्य देना चाहिये। वह योग्य भी हैं और सक्षम भी। लेकिन उतने योग्य सक्षम तो नहीं हैं जितने की ये तीनों यानी राहुल द्रविड़, रिकी पोंटिंग और जैक कैलिस हैं। जो श्रेष्ठ हैं उन्हीं में से तो किसी को सर्वश्रेष्ठ चुना जाएगा। खेलते तो तमाम खिलाड़ी हैं तीसरे नंबर पर, लेकिन हर कोई श्रेष्ठ थोड़े ही हो सकता है। जो श्रेष्ठ हैं, मुकाबला तो उन्हीं के बीच होगा। सो हो गया।

कुल मिलाकर तो यही कहा जा सकता है कि टेस्ट क्रिकेट की जहां तक बात है तो इस मामले में हमें आंख बंद करके मान लेना चाहिये कि राहुल द्रविड़ ही तीसरे नंबर के सर्वश्रेष्ठ बल्लेबाज हैं। हो सकता है कि आने वाले दिनों या वर्षों में पोंटिंग या कैलिस श्रेष्ठ बल्लेबाज की इस लड़ाई में राहुल द्रविड़ को पीछे छोड़ दें, लेकिन फिलहाल तो राहुल द्रविड़ ही सर्वश्रेष्ठ हैं, इसमें कोई दो राय नहीं हैं। ही इज द बेस्ट।

वैसे भी पिछले दिनों ऑस्ट्रेलिया और बांग्लदेश की यात्रा के दौरान जो बड़े-बड़े स्कोर बनाये हैं, उसने भारत के इस भावी कप्तान का कद और भी बड़ा कर दिया है। इन दौरों में जहां रावलपिंडी में उन्होंने 270 रनों की ऐतिहासिक पारी खेली, वहीं एडीलेड में बनाए गए 233 रन भी क्रांतिकारी रहे थे। और हाल ही में बांग्लादेश के दौरे में उन्होंने चटगांव टेस्ट में जो 160 रनों की पारी खेली, उसने तो गज़ब ही ढा दिया। इस एक शतक के बूते पर वह विश्व के पहले ऐसे खिलाड़ी हो गए हैं जिसने टेस्ट मैच में खेलने वाले हरेक देश के खिलाफ तो शतक बनाने का कीर्तिमान बनाया ही साथ ही प्रत्येक टेस्ट खेलने वाले देश की धरती पर भी शतक जमाने का अद्भुत कीर्तिमान बनाया। यह शतक उनके कैरियर का 18वां शतक था।

ऐसे में तो कोई भी शख्स यह बात आंख बंद करके कह सकता है कि राहुल द्रविड़ ही दुनिया के सर्वश्रेष्ठ वन डाउन बल्लेबाज हैं। वन डाउन मतलब तीसरे नंबर पर खेलने वाला बल्लेबाज।

दौरे पाकिस्तान और ऑस्ट्रेलिया के

सन् 2003 में होली के आसपास अपनी टीम ने पाकिस्तान का दौरा किया। उस दौरे में भी भारतीय जांबाजों ने एक से एक प्रलयंकारी प्रदर्शन किए। इन प्रदर्शनों का नतीजा यह निकला कि पाकिस्तान को हम उसी की धरती पर 49 साल बाद परास्त करने में कामयाब हो पाये। टेस्ट सीरीज में भी हम जीते और एकदिवसीय मैचों में भी तो हमने कामयाबी हासिल की। जहां तक खिलाड़ियों द्वारा किए गए प्रलंयकारी प्रदर्शन की बात है तो इस मामले में टॉप पर रहे वीरेन्द्र सहवाग, जिन्होंने मुल्तान के पहले टेस्ट में ही तिहरा शतक जमाया। सचिन इस टेस्ट में 194 (नॉट आउट) ही बना पाए। द्रविड़ ही इस मैच के कप्तान थे। उन्होंने उसी समय पारी समाप्ति की घोषणा कर दी थी, जब सचिन का स्कोर 194 (नॉट आउट) था। यदि दोहरा शतक बन जाने देते तो क्या हो जाता? यह एक ऐसा दंश था जिसे राहुल द्रविड़ आज तक झेल रहे हैं। वैसे इसी दौरे का अंतिम टेस्ट मैच जो रावलपिंडी में खेला गया था, में राहुल द्रविड़ ने भी एक अविस्मरणीय पारी खेली थी और बेहतरीन 270 रन बनाये थे। यही द्रविड़ का टेस्ट मैचों का सर्वश्रेष्ठ प्रदर्शन भी है।

इसी पाकिस्तानी दौरे से पहले दो टेस्ट मैचों में राहुल द्रविड़ ने ही कप्तानी की थी। गांगुली उन दिनों अस्वस्थ चल रहे थे। दो टेस्ट मैचों में से एक में भारत जीता था, तो एक पाकिस्तान। जहां तक द्रविड़ द्वारा इस दौरे में किये गये प्रदर्शन का सवाल है तो यह दौरा भी उनके लिए अच्छा रहा था।

मुल्तान टेस्ट में सिर्फ सहवाग और सचिन ही छाए रहे। यहां टीम के कप्तान राहुल द्रविड़ सिर्फ छह रन ही बना सके थे। लाहौर में उनके स्कोर रहे थे 33 रन तथा शून्य। यानी कप्तानी वाले दो टेस्ट मैचों की तीन पारियों में वह सिर्फ 39 रन ही बना पाए थे। सीरिज का अंतिम टेस्ट मैच जो रावलपिंडी में खेला गया था में सौरव गांगुली वापस आ गए थे। उनके आते ही राहुल के ऊपर चढ़ा प्रेशर का बुखार उतर गया। कप्तानी का बोझ उतरते ही वह शुरू हो गए थे। वहां उन्होंने 270 रनों की ऐतिहासिक पारी खेली। यही 270 रन अभी तक उनके कैरियर के सर्वश्रेष्ठ रन भी हैं और इसी दोहरे शतक के बूते पर ही तो वह भारत की तरफ से सबसे ज्यादा पांच दोहरे शतक लगाने में भी

कामयाब हुए हैं।

दरअसल सच बात यही है कि राहुल द्रविड़ ने पाकिस्तान और ऑस्ट्रेलिया के पिछले दौरे में जो धुआंधार रन बनाये थे, उन्हीं रनों के बूते पर ही तो सन् 2003 के विजडन प्लेयर ऑफ द इयर भी बन सके थे।

कुल मिलाकर जो बात फिर से निकलकर सामने आयी है वह यही है कि राहुल द्रविड़ विदेशी धरती का नायक नहीं, महानायक है। विदेशी धरती पर पहुंचते ही पता नहीं उसे क्या हो जाता है। वह शुरू हो जाते हैं और न रुकने का नाम लेते हैं न ही अपनी बैटिंग में फुल स्टॉप ही लगाते हैं। आइए अब चलते हैं कंगारुओं की धरती ऑस्ट्रेलिया, जहां द्रविड़ ने बहुत ही धुआंधार खेल खेला था।

यह बात तो हम सब जानते ही हैं कि पिछले ऑस्ट्रेलियाई दौरे (1999) में राहुल द्रविड़ बुरी तरह असफल रहा था, लेकिन हाल के ऑस्ट्रेलियाई दौरे (2003-04) पर राहुल द्रविड़ ने बिल्कुल उलट प्रदर्शन किया। पहले दो टेस्टों की चार पारियों में कंगारुओं पर जबरदस्त कहर बरपाया है। दो टेस्टों में उसने 174.5 रनों की औसत से 349 रन बनाए। एडीलेड टेस्ट (दूसरे) में द्रविड़ की दृढ़ता, तकनीक और क्षमता ने ऑस्ट्रेलियाई खेमे में कोहराम मचा दिया। ऑस्ट्रेलियाई खुश थे कि सचिन अपनी उलझनों का शिकार होकर पस्त है, लेकिन अब वह परेशान हैं कि नए दशक में उभरे नए भारतीय 'महानायक' राहुल द्रविड़ का क्या किया जाये?

तब कंगारुओं के सारे अस्त्र राहुल द्रविड़ के आगे विफल हो गए थे। गिलेस्पी, ब्रेकन व बिकल की गेंदबाजी की जो धज्जियां उड़ी थीं उससे पूरा ऑस्ट्रेलिया सकते में आ गया था। द्रविड़ पहले दो टेस्ट की चार पारियों में केवल दो बार ही आउट हुआ। द्रविड़-लक्ष्मण की जोड़ी के ठोस प्रदर्शन से कंगारुओं के आपसी मतभेद जग-जाहिर हो गए। ऑस्ट्रेलियाई मीडिया का भी मुंह बंद हो गया। जिन्होंने उछाल भरी ऑस्ट्रेलियाई पिचों पर भारतीय बल्लेबाजों की दयनीय स्थिति का खाका खींचा था।

कंगारुओं को असली डर सचिन तेंदुलकर से था, लेकिन पहले टेस्ट (ब्रिस्बेन) में कप्तान गांगुली के शतक ने उन्हें पस्त कर दिया। दूसरे टेस्ट (एडीलेड) में द्रविड़-लक्ष्मण की जोड़ी ने उनका बंटाधार कर दिया। 303 रनों की भागेदारी में लक्ष्मण को तो 148 रन पर आउट कर दिया गया लेकिन राहुल द्रविड़ धैर्यपूर्वक 594 मिनट तक क्रीज पर डटा रहा। विपरीत परिस्थितियों में रवि शास्त्री ने सिडनी में (1991-92) में लंबी पारियां खेलने में ऑस्ट्रेलियाई

(बॉन काउपर, ग्राहम थेलप, एलन बोर्डर व मैथ्यु हेडन) आदि सक्षम हैं, लेकिन राहुल द्रविड़ की ठोस तकनीक तथा सहजता ने उन्हें विस्मित कर दिया।

जहां राहुल द्रविड़ व उनके साथी ऑस्ट्रेलिया में कहर बरपाने में लगे रहे वहीं दूसरी ओर ऑस्ट्रेलिया के महारथी गेंदबाज एक एक कर के दल में आ सकने को मजबूर दिखे। मैकग्राथ पूरे दौरे के लिये बाहर हुए, ब्रेट ली पहले दो टेस्ट नहीं खेल पाए। विलियम्स व गिलेस्पी चोटिल होकर अगले टेस्टो के लिए अनुपलब्ध हैं। भले ही ब्रेट ली तीसरे टेस्ट के लिए फिट होकर टीम में लौट आए लेकिन जिस मानसिक शक्ति व आत्मविश्वास का परिचय राहुल द्रविड़ ने दिया उससे यह भयभीत नहीं हुए तथा उनका बल्ला आगे भी (बचे दो टेस्ट व त्रिकोणीय एकदिवसीय श्रृंखला) कहर ढाने के लिए बेकरार रहा।

भारत के लिए द्रविड़ मध्य क्रम में मजबूत स्तंभ बन चुका है। हाल के न्यूजीलैंड दौरे पर एक टेस्ट में द्रविड़ ने 222 व 73 रनों की बेहतरीन पारियाँ खेली थीं। फिर एकदिवसीय मैचों में भी ठोस फार्म दिखाई थी। लीग मैचों में उसने आस्ट्रेलिया के विरुद्ध 59 व 49 रन बनाए तथा लीग मैच में न्यूजीलैंड के विरुद्ध 22 गेंदों पर 50 नाबाद रन बनाए हैं।

ब्रिस्बेन में हुए पहले टेस्ट में द्रविड़ की शुरूआत ठीक नहीं थी और वह 1 रन पर आउट हो गया था। लेकिन दूसरी पारी में अविजित 43 रन बनाकर उसने भारतीय हार को टाला। दूसरे टेस्ट में एडीलेड में तो उसने करिश्मा कर दिखाया। उसने पहली पारी में त्रुटिहीन खेल से 233 रनों का विशाल स्कोर व्यक्तिगत पारी के रुप में गिलेस्पी की तेज गेंद पर छक्का मारा। इतना ही नहीं दूसरी पारी में भी वह खूबी से मैदान पर डटा रहा और अविजित 72 रन बनाए। राहुल द्रविड़ की चार पारियों में 349 रन (174.5 की औसत से) बन चुके थे, जबकि निखार में चल रहे पोंटिंग की रन संख्या 3 पारियों में जरुर 346 तक पहुंची, परन्तु उनकी औसत 86.5 थी। इतना ही नहीं दिसंबर के दूसरे हफ्ते में विभिन्न टेस्टों में तीन दोहरे शतक लगे, लेकिन जीत द्रविड़ वाली पारी को मिली। ब्रायन लारा का दोहरा शतक (203) भी वेस्टइंडीज को दक्षिण अफ्रीका के विरुद्ध पहले टेस्ट में जीत न दिला (2003-04) सका। इसी तरह रिकी पोंटिंग का एडीलेड में दोहरा शतक (242) आस्ट्रेलिया की सही ढाल न बन सका। लारा व पोंटिंग दोहरा शतक लगाने के बाद दूसरी पारियों में सस्ते में आउट हुए (5 तथा 0), जबकि द्रविड ने हौंसला कायम रख दूसरी पारी में भी अपने बल्ले से रन निकाले।

एडीलेड टेस्ट (12-16 दिसंबर, 2003) की लंबी चर्चा जरूरी है, क्योंकि

इसमें कई अविश्वसनीय प्रदर्शनों के बीच द्रविड़ ने अपना रंग जमाया। पहले दिन आस्ट्रेलिया ने 400 रन ठोंककर एडीलेड की पिच पर नया रिकार्ड बनाया। रिकी पोंटिंग के 242 रनों की बदौलत उनकी पहली पारी का स्कोर 556 तक जा पहुंचा था। जिसके जवाब में भारत के 85 रनों पर 4 विकेट गिर गए थे। तभी द्रविड़ को अपने जिगरी दोस्त लक्ष्मण का साथ मिला। बिना दबाव के उनकी साझेदारी बढ़ने लगी, और देखते-देखते जोड़ी ने 303 रन बना दिए। कोलकता में 2001 में भी द्रविड़ लक्ष्मण की जोड़ी ने विपरीत परिस्थितियों में 376 रनों की भागीदारी कर आस्ट्रेलिया की लगातार 16 टेस्टों की जीत के रथ को रोका था। एडीलेड में लक्ष्मण ने 148 तथा द्रविड़ ने 233 रन बनाए। फिर भी भारतीय पारी 523 रनों पर सिमट गई तथा आस्ट्रेलिया को 33 रनों की बढ़त मिली। लेकिन आस्ट्रेलिया दूसरी पारी में 196 रन ही बन सकी, जिसमें आगरकर का कहर (6/41) था। 230 रनों की जीत का लक्ष्य भारत ने 6 विकेट खोकर पा लिया। इसमें भी द्रविड़ 72 रन बनाकर अविजित रहा। शानदार प्रदर्शन के कारण उसे इस टेस्ट में मैन ऑफ द मैच चुना गया।

एडीलेड में भारत का प्रदर्शन कई रिकार्ड तोड़ उपलब्धियों वाला रहा। विगत् 40 वर्षों में किसी विदेशी जोड़ी ने पहली बार तिहरा शतकीय प्रहार किया था। 1964 में एड्डी वालों व ग्रीएम पोलक ने तब एडीलेड में ही दक्षिण अफ्रीका के लिए आस्ट्रेलिया के विरुद्ध 341 रनों की भागीदारी की थी। विगत 3 वर्षों में आस्ट्रेलिया को घरेलू मैदानों पर दूसरी करारी हार मिली वहीं भारत की आस्ट्रेलिया में 22 वर्ष बाद जीत दर्ज हुई। 1981 में इससे पहले सुनील गावस्कर की टीम ने आस्ट्रेलिया को पटखनी दी थी।

स्वयं राहुल द्रविड़ ने एडीलेड में अपने शानदार प्रदर्शन से अनेक रिकार्ड तोड़ उपलब्धियां हासिल की। 72 (नाबाद) रनों की विनिंग पारी में जब वह 12 रन पर था तो वह मोहम्मद अजहरुद्दीन के 6215 के रिकार्ड को पार कर भारत के लिए टेस्टों में सर्वाधिक रन बनाने के मामले में चौथे स्थान पर पहुंच गया। टेस्ट क्रिकेट में अब राहुल द्रविड़ ने (16-12-2003 तक) गावस्कर (10122) सचिन तेंदुलकर (8920) तथा दिलीप वेंगसरकर (6868) ही उससे आगे थे। द्रविड इस टेस्ट (दूसरे) तक 73 टेस्टों में 56.54 की औसत से 6276 रन बना चुका था। इसमें 16 शतक व 30 अर्द्धशतक बने थे।

साथ ही राहुल द्रविड़ एक टेस्ट में 300 रन जुटाने वाला तीसरा भारतीय बल्लेबाज बन गया है। अप्रैल 1971 में सुनील गावस्कर ने वेस्टइंडीज के विरुद्ध 344 रन बनाए थे। जबकि मार्च 2001 में कोलकाता टेस्ट में लक्ष्मण ने 340

रन बनाए थे। आस्ट्रेलिया में किसी भी भारतीय द्वारा अब तक का सबसे बड़ा स्कोर 1948 में विजय हजारे ने 261 रन (116 + 145) बनाया था।

एडीलेड टेस्ट में राहुल द्रविड ने 16 घंटे क्रीज पर रहकर 305 रन (233 + 72 नॉट आउट) बनाए। यह इस बात का परिचायक है कि उसकी तकनीक कितनी सुदृढ़ है। अक्टूबर/नवम्बर 2003 में उसने एकदिवसीय त्रिकोणीय श्रृंखला में न्यूजीलैंड के विरुद्ध 22 गेंदों पर तेजी से अर्द्धशतक बनाकर सबको चौंका दिया था। 'मि. डिपेंडेबल' का प्रदर्शन अब 'मि. विनर' में तब्दील हो रहा है।

उस दौरे का तीसरा टेस्ट मैच मेलबोर्न में 26 से 30 दिसंबर 2003 के बीच खेला गया इस मैच में भी द्रविड़ ने उम्दा खेल का मुजाहिरा किया ओर पहली पारी में 49 तथा दूसरी पारी में बेहतरीन 92 रन बनाए। तत्पश्चात सिडनी के मैदान में दौरे का अंतिम टेस्ट हुआ जहां उसके स्कोर रहे 38 तथा 91 नॉट आउट। यानी चार टेस्ट मैचों की आठ पारियों में उसने कुल 618 रन बनाये।

कुल मिलाकर तो हम भी यह कह सकते हैं कि राहुल द्रविड़ के दोनों पिछले विदेशी दौरे बहुत बढ़िया रहे हैं। ये दोनों दौरे भी तो इसी बात की पुष्टि ही करते हैं कि राहुल द्रविड़ विदेशी धरती का मास्टर क्रिकेटर है। महानायक है।

वन डे में सात हजार रन

भारतीय क्रिकेट टीम के उपकप्तान राहुल द्रविड़ भारत के ऐसे प्रमुख खिलाड़ियों में है जो टेस्ट क्रिकेट एवं एक दिवसीय अंतर्राष्ट्रीय मैचों में पूरी शिद्दत के साथ भागीदारी करते है। टेस्ट मैचों में वह जहां वह अब तक सात हजार से भी ज्यादा रन बना चुके हैं, वहीं एक दिवसीय मैचों में सात हजार रनों के प्रतिस्ठित मार्क को पार कर चुके हैं। वैसे भी उनके शालीन व्यवहार, संयत आचरण, सादगी और सज्जनता की सर्वत्र प्रशंसा होती ही है, पर जहां तक उनके खेल की बात है, तो वे हर तरह की क्रिकेट में फिट हैं। वन डे में जहां वह जरूरत के मुताबिक धीमा खेलते हैं, वहीं तेज भी। टेस्ट क्रिकेट के तो वह लाजवाब सिपाही हैं ही। ऊपर से फटाफट क्रिकेट में विकेटकीपर की भूमिका का निर्वाह करके भी उन्होंने जहां ख्याति बटोरी है वहीं रिकार्ड भी बनाए हैं।

पिछले दिनों मिस्टर भरोसेमंद राहुल द्रविड़ ने एकदिवसीय अंतर्राष्ट्रीय क्रिकेट में अपने सात हजार रन पूरे कर लिए। द्रविड़ ने आस्ट्रेलिया के खिलाफ वी.बी. श्रृंखला के वेस्ट ऑफ थ्री फाइनल्स के पहले मैच में तेज गेंदबाज जेसन गिलेस्पी की गेंद पर चौका जड़कर शानदार अंदाज में यह उपलब्धि हासिल की। यह उनका 223 वां एकदिवसीय मैच था और उन्होंने 204 पारी खेलकर 7,003 रन बनाए हैं।

एकदिवसीय मैचों में सात हजार ज्यादा रन बनाने वाले द्रविड़ भारत के चौथे और विश्व के पंद्रहवें बल्लेबाज हैं। उनसे पहले भारत की ओर से सचिन तेंदुलकर, मोहम्मद अजहरुद्दीन और सौरव गांगुली यह उपलब्धि हासिल कर चुके हैं।

श्रीलंका के खिलाफ सिंगापुर में 3 अप्रैल 1996 को अपना पहला एकदिवसीय मैच खेलने वाले राहुल द्रविड़ ने यह लक्ष्य सात वर्ष और 308 दिनों में हासिल किया।

भारत की ओर से सबसे पहले सात हजार रन बनाने वाले बल्लेबाज अजहरुद्दीन थे। उन्होंने श्रीलंका के खिलाफ कोलंबों में 23 अगस्त 1997 को अपनी 34 रन की पारी के दौरान यह लक्ष्य हासिल किया था जो उनके 252

वें मैंच की 233 वीं पारी थी। तब अजहरुद्दीन की आयु 34 वर्ष और 196 दिन थी। अजहर ने कुल मिलाकर 334 एकदिवसीय मैच खेले हैं जिनकी 308 परियों में 7 शतक और 58 अद्धशतकों की सहायता से 36.92 रन प्रति पारी के हिसाब से 9378 रन बनाए हैं।

एकदिवसीय क्रिकेट में सबसे अधिक रन बनाने वाले सचिन तेंदुलकर यह सम्मान पाने वाले दूसरे भारतीय हैं। सचिन ने अपने सात हजार रन 7 जुलाई 1998 को कोलंबों में श्रीलंका के खिलाफ अपनी 128 रन की पारी के दौरान यह सम्मान हासिल किया था। जो उनके 196 वें मैच की 189वीं पारी थी। वह सबसे कम आयु में 7,000 रन बनाने वाले भारतीय हैं। जिस दिन उन्होंने यह लक्ष्य प्राप्त किया था उस दिन उनकी आयु 25 वर्ष और 74 दिन थी।

अभी तक सचिन तेंदुलकर ने 328 मैचों की 339 पारियों में 37 शतकों और 66 अर्द्धशतकों के साथ 44.86 रन प्रति पारी के हिसाब से 13,521 रन बनाए हैं।

वैसे सबसे कम मैचों में सात हजार रन बनाने को रिकार्ड सौरव गांगुली के नाम पर दर्ज है। गांगुली ने 24 अक्टूबर 2001 को केन्या के खिलाफ पर्ल में अपनी 111 रन की पारी के दौरान यह सम्मान प्राप्त किया, जो उनके 180 वें मैच की 174वीं पारी थी। जिस दिन गांगुली ने अपने 7,000 रन पूरे किए थे उस दिन उनकी आयु 29 वर्ष और 108 दिन थी। अभी तक गांगुली ने 243 मैचों की 235 पारियों में 22 शतकों और 53 अर्द्धशतकों के साथ 42.33 रन प्रति पारी के हिसाब से 9544 रन बनाए हैं।

राहुल द्रविड़ ने भारत की ओर से 224 मैचों में हिस्सा लिया है, इनमें भारत को 104 मैचों में जीत मिली है। इन मैचों की 89 पारियों में उन्होंने 5 शतकों और 27 अर्द्धशतकों की सहायता से 3540 रन बनाए हैं यह रन 49. 16 प्रति पारी के हिसाब से हैं। द्रविड़ की उपस्थिति में भारत को जिन 109 मैचों में पराजय प्राप्त हुई है, उनमें उन्होंने तीन शतक और 19 अर्द्धशतकों की सहायता से 31.46 रन प्रति पारी के हिसाब से 3146 रन बनाए हैं। एक टाई होने वाले मैच में द्रविड़ ने 23 रन बनाए जबकि अधूरे रहे 10 मैचों में वह 294 रन बनाने में सफल रहे हैं।

एक वर्ष में द्रविड़ का सबसे अच्छा प्रदर्शन 1999 में रहा था। उस वर्ष उन्होंने 43 मैचों की 43 पारियों मे 6 शतकों और 8 अर्द्धशतकों की सहायता से 1761 रन बनाए थे। अगले वर्ष 2000 में वह 31 मैचों में 980 रन बनाने में सफल हुए थे।

द्रविड़ ने सबसे अधिक रन तीसरे नंबर पर बल्लेबाजी करते हुए बनाए है। उन्होंने 89 मैचों में तीसरे नंबर पर बल्लेबाजी की है और 40.26 रन के औसत से 3342 रन बनाए हैं।

मेलबोर्न में खेले गए पहले फाइनल में द्रविड़ ने एक और रिकार्ड बनाया। वह एदिवसीय मैचों के इतिहास में शून्य पर आउट हुए बगैर सर्वाधिक पारियां खेलने वाले बल्लेबाज बने। वह अब तक 120 पारियों में शून्य पर आउट नहीं हुए हैं। द्रविड़ ने अंतिम शून्य 29 अगस्त 1999 को आस्ट्रेलिया के विरुद्ध प्राप्त किया था। उनसे पहले सह रिकार्ड न्यूजीलैंड के मार्टिन क्रो के पास था जिन्होंने 119 पारियों में एक भी शून्य नहीं बनाया था। क्रो 9 जनवरी 1983 से 10 अक्टूबर 1994 तक 119 पारियों में कभी भी शून्य पर आउट नहीं हुए थे। और फिर सबसे बड़ी बात यह है कि राहुल अभी भी क्रिकेट खेलने में मस्त हैं और व्यस्त भी। तकरीबन तीन चार साल की क्रिकेट उनमें अभी और बाकी है। जिसे देखकर तो कोई भी शख्स यह कह सकता है कि वह दस हजार अंकों का आंकड़ा तो टेस्ट क्रिकेट और एक दिवसीस अंतर्राष्ट्रीय मैचों में भी हर हालत में पार कर लेंगे। आइए, फिलहाल तो उन आंकड़ों पर नजर डालते हैं जिनसे प्रमाणित होता है कि उन्होंने फटाफट क्रिकेट में कैसे सात हजार रनों के आंकड़े को पार किया है।

सभी देशों के विरुद्ध राहुल द्रविड़ की बल्लेबाजी

देश	मैच	पारी	आ.न.	रन	औसत	सर्वाधिक	100	50	0
आस्ट्रेलिया	29	28	–	812	29.00	80	–	7	2
बांग्लादेश	4	2	–	6	3.00	5	–	–	–
इंगलैंड	9	8	2	376	62.66	82	–	5	–
केन्या	10	8	3	328	65.60	104*	1	1	–
नामीबिया	1	–	–	–	–	–	–	–	–
हालैंड	1	1	–	17	17.00	17	–	–	–
न्यूजीलैंड	27	27	6	974	46.38	153	2	5	–
पाकिस्तान	35	32	2	862	28.73	107	1	4	2
दक्षिण अ.	27	27	2	1014	40.56	84	–	11	1
श्रीलंका	26	24	3	902	42.95	145	2	4	–
वेस्टइंडीज	25	23	4	847	44.57	109*	2	4	–
जिम्बाब्वे	30	25	3	865	39.31	85	–	8	–
कुल	**224**	**205**	**25**	**7003**	**38.90**	**153**	**8**	**49**	**5**

एक दिवसीय में 7,000 से ज्यादा रन बनाने वाले भारतीय बल्लेबाज

बल्लेबाज	मैच	पारी	अवि.	रन	औसत	श्रेष्ठ	100	50	0	7,000 रन
सचिन तेंदुलकर	342	328	31	13497	44.86	186*	37	69	14	196वां मैच
मो. अजहरुद्दीन	334	308	54	9378	36.92	153*	7	58	9	252वां मैच
सौरव गांगुली	266	257	20	9914	42.33	183	22	59	11	180वां मैच
राहुल द्रविड़	249	1229	25	7490	38.90	153	8	52	5	223वां मैच

हर बल्लेबाज का 1,000 से 7,000 तक का सफर

बल्लेबाज	1,000	2,000	3,000	4,000	5,000	6,000	7,000
सचिन तेंदुलकर	36	73	96	115	141	176	196
मो. अजहरुद्दीन	45	84	124	156	184	222	252
सौरव गांगुली	34	56	87	110	131	152	180
राहुल द्रविड़	35	70	96	124	158	187	223

टेस्ट मैचों का भी सात हजारिया

जैसे जैसे समय बीतता जा रहा है, वैसे वैसे राहुल द्रविड़ का प्रदर्शन और भी परिपक्व होता जा रहा है। वे और अधिक ठोस बैटिंग करने लगे हैं तथा हमारे लिए और भी भरोसेमंद हो गए हैं। वन डे मैचों में तो सात हजार रनों का आंकड़ा उन्होंने पहले ही पार कर लिया था और पिछले साल नवंबर में मुंबई में ऑस्ट्रेलिया के खिलाफ खेले गए टेस्ट मैच में टेस्ट क्रिकेट में भी सात हजार रन पूरे कर लिये। उनसे पहले सिर्फ सुनील गावस्कर और सचिन तेंदुलकर ही इस कारनामें को अंजाम दे पायें हैं। जिस तरह से वह इन दिनों बैटिंग कर रहे हैं, उसे देख कर तो कोई भी शख्स यह कह सकता है कि राहुल द्रविड़ भी टेस्ट क्रिकेट में दस हजार रनों का अद्‌भुत बैरियर जरूर पार कर लेंगे। उनके खेल और क्षमताओं को देखकर यदि यह आकलन किया जा रहा है तो उसमें कुछ भी गलत नहीं है।

भारत के भरोसेमंद बल्लेबाज राहुल द्रविड़ ने पिछले दिनों टेस्ट क्रिकेट में अपने सात हजार रन पूरे कर लिए। द्रविड़ ने ऑस्ट्रेलिया के खिलाफ मुंबई में खेले गए चौथे टेस्ट मैच के तीसरे दिन अपनी 27 रन की पारी के दौरान यह उपलब्धि हासिल की। यह उनके 82 वें टेस्ट की 141वीं पारी थी।

टेस्ट क्रिकेट में सात हजार या उससे ज्यादा रन बनाने वाले द्रविड़ भारत के तीसरे और विश्व के 25वें बल्लेबाज हैं। उनसे पहले भारत की ओर से सिर्फ सुनील गावस्कर और सचिन तेंदुलकर ही इस कारनामें को अंजाम दे पाएं हैं।

इंग्लैंड के खिलाफ लार्ड्स में 1996 में अपना पहला टेस्ट खेलने वाले राहुल द्रविड़ ने यह लक्ष्य आठ साल और 138 दिनों में हासिल किया है।

टेस्ट क्रिकेट में सबसे कम पारियों मे सात हजार रन बनाने का रिकार्ड इंग्लैंड के वॉली हैमंड के नाम है। उन्होंने भारत के खिलाफ ओवल में 1946 में अपने 80 वें टेस्ट की 13वीं पारी में यह सम्मान प्राप्त किया था। भारत की ओर से यह रिकार्ड सचिन तेंदुलकर के नाम है जिन्होंने 85वें टेस्ट की 141वीं पारी में अपने सात हजार रन पूरे किए थे।

भारत की ओर से सात हजार रन बनाने वाले पहले खिलाड़ी सुनील

गावस्कर थे जिन्होंने पाकिस्तान के खिलाफ लाहौर में 1982-83 में अपनी 51 रन की पारी के दौरान यह उपलब्धि हासिल की थी। वह उनके 80वें टेस्ट की 151वीं पारी थी। गावस्कर ने कुल मिलाकर 125 टेस्ट मैचों की 214 पारियों में 34 शतकों और 45 अर्द्धशतकों की सहायता से 51.12 रन प्रति पारी के हिसाब से 10122 रन बनाए हैं और वह सबसे ज्यादा रन बनाने वालों में तीसरे नंबर पर हैं।

गावस्कर के बाद सचिन तेंदुलकर सह सम्मान प्राप्त करने में सफल हुए हैं। तेंदुलकर ने दक्षिण अफ्रीका के खिलाफ 2001-02 में ब्लोमफोंटन में अपनी 155 रनों की पारी के दौरान यह सम्मान प्राप्त किया था। वह उनके 85वें टेस्ट की 136वीं पारी थी। अभी तक सचिन ने 119 टेस्ट मैचों की 188 पारियों में 34 शतकों और 38 अर्द्धशतकों की मदद से 56.44 रन की औसत से 98432 रन बनाए हैं और वह सबसे ज्यादा रन बनाने वाले खिलाड़ियों में पांचवे नंबर पर हैं।

राहुल द्रविड़ ने भारत में खेले गए 37 टेस्ट मैचों की 64 पारियों में 6 शतकों और 14 अर्द्धशतकों की मदद से 48.77 रन प्रति पारी के हिसाब से 2829 रन बनाए हैं जबकि भारत से बाहर 45 टेस्ट मैचों की 79 पारियों में वह 11 शतकों और 19 अर्द्धशतकों के साथ 63.53 रन की औसत के साथ 4193 रन बनाने में सफल हुए हैं।

एक साल में द्रविड़ का सबसे अच्छा प्रदर्शन सन् 2002 में रहा था। उस वर्ष उन्होंने 16 टेस्ट मैचों की 26 पारियों मे पांच शतकों और इतने ही अर्द्धशतकों की मदद से 59 रन प्रति पारी के हिसाब से 1357 रन बनाए थे। 1997 में वह 12 मैचों की 18 पारियों में एक शतक और नौ अर्द्धशतकों के साथ 984 रन बनाने में सफल हुए जबकि 2001 में उन्होंने 13 मैचों की 3 पारियों में एक शतक और छह अर्द्धशतकों की मदद से 935 रन बनाए थे।

दायें हाथ से मध्यक्रम में बल्लेबाजी करने वाले द्रविड़ ने सबसे ज्यादा रन तीसरे नंबर पर बल्लेबाजी करते हुए बनाए हैं।

उन्होंने 64 टेस्ट मैचों की 106 पारियों में 14 शतकों और 26 अर्द्धशतकों की मदद से 5614 रन, 60.36 रन प्रति पारी के हिसाब से बनाए हैं। छठे नंबर पर 6 मैचों में उन्होंने 413 रन और पांचवे नंबर पर सात मैचों में उन्होंने सात पारियों में 220 रन, सातवें नंबर पर चार मैचों की चार पारियों में 279 रन और सलामी बल्लेबाजी करते हुए चार मैचों की सात पारियों में 104 रन बनाए हैं।

राहुल द्रविड़ ने भारत की ओर से 82 टेस्ट मैचों में हिस्सा लिया है। इनमें

भारत को 24 मैचों में जीत मिली है। इन मैचों की 39 पारियों में उन्होंने 6 शतकों और 11 अर्द्धशतकों की मदद से 2394 रन, 74.81 रन प्रति पारी के हिसाब से बनाए हैं। द्रविड़ की उपस्थिति में भारत की जिन 28 मैचों में पराजय हुई है उनमें उन्होंने एक शतक और आठ अर्द्धशतकों की मदद से 1551 रन, 29.26 रन की औसत से बनाए हैं। ड्रा रहे 30 टेस्ट मैचों की 46 पारियों में वह 10 शतकों और 14 अर्द्धशतकों की मदद से 3077 रन, 78.79 रन प्रति पारी के हिसाब से बनाने में सफल रहे हैं।

टेस्ट क्रिकेट में द्रविड़ का सबसे ज्यादा स्कोर 270 है जो उन्होंने पाकिस्तान के खिलाफ 2003-04 में रावलपिंडी में खेले गए टेस्ट में 740 मिनट में 495 गेंदों पर 34 चौकों और एक छक्के की मदद से बनाया था। भारत में उनका सबसे ज्यादा स्कोर 222 है जो उन्होंने न्यूजीलैंड के खिलाफ 2003-04 में अहमदाबाद में 578 मिनट में 387 गेंदों पर 28 चौकों और एक छक्के की मदद से बनाया था। द्रविड़ ने अभी तक पांच दोहरे शतक ठोके हैं जो एक भारतीय रिकार्ड है।

राहुल द्रविड़ वैसे भी इन दिनों काफी ठोस किस्म की बैटिंग करने में मशगूल हैं। उनकी एकाध पारी में रन भले ही कम बनें, पर यदि एक बार वह जम जाते हैं, तो फिर उनका स्कोर काफी बड़े मुकाम पर जा कर ही समाप्त होता है। पिछले साल पाकिस्तान के रावलपिंडी में खेले गए टेस्ट मैच में उन्होंने 270 रनों की जो पारी खेली थी वह अद्‌भुत भी थी और शानदार भी। काफी कुछ स्टाइल भी उनका वैसा ही है, जैसा कि पहले हुआ करता था। कॉपी बुक स्टाइल में ही वह खेलते हैं। न एक इंच इधर और न ही एक सूत उधर। सब कुछ अपनी जगह सही सलामत।

राहुल द्रविड़ ने एक मर्तबा नहीं, कई मर्तबा यह साबित किया है कि वह भरोसेमंद हैं और उनपर हर समय भरोसा किया जा सकता है। हमेशा शांत और कूल रहने वाले मिस्टर डिपेंडेबेल कभी भी गुस्सा करते नहीं दिखते हैं। न घर में और ना ही घर के बाहर। आइए हम लोग भी देखते हैं कि राहुल द्रविड़ ने किस तरह से और कैसे सात हजार टेस्ट रनों का फासला तय किया है।

राहुल द्रविड़ की बल्लेबाजी टेस्ट मैचों में

देश	मैच	पारी	आ.न.	रन	औसत	सर्वाधिक	100	50	0
आस्ट्रेलिया	18	33	4	1480	51.03	233	2	8	2
बांग्लादेश	1	2	1	69	69.00	69	-	1	-
इंगलैंड	9	13	1	911	75.91	217	3	4	-

न्यूजीलैंड	9	18	1	1004	59.05	222	4	2	1
पाकिस्तान	6	10	–	471	47.10	270	1	1	1
दक्षिण अ.	10	20	1	648	34.10	148	1	3	–
श्रीलंका	9	14	1	723	55.61	107	1	6	–
वेस्टइंडीज	13	20	5	912	60.80	144*	2	6	–
जिम्बाब्वे	7	11	3	804	100.50	200*	3	3	–
कुल	**82**	**141**	**17**	**7022**	**56.62**	**270**	**17**	**33**	**4**
भारत में	37	64	6	2829	48.77	222	6	14	1
भारत से बाहर	45	77	11	4193	63.53	270	11	19	3

टेस्ट क्रिकेट में 7,000 से ज्यादा रन बनाने वाले भारतीय बल्लेबाज

बल्लेबाज	मैच	पारी	अवि.	रन	औसत	श्रेष्ठ	100	50	0
सुनील गावस्कर	125	214	16	10122	51.12	236*	34	45	12
सचिन तेंदुलकर	120	188	19	9879	57.43	248*	34	38	12
राहुल द्रविड़	86	141	17	7363	56.62	270	18	35	4

हर बल्लेबाज का 1,000 से 7,000 तक का सफर

बल्लेबाज	1,000	2,000	3,000	4,000	5,000	6,000	7,000
सुनील गावस्कर	11	23	34	43	52	65	80
सचिन तेंदुलकर	19	32	45	58	67	76	85
राहुल द्रविड़	14	25	39	48	63	73	82

'. . . मैं तब तक विकेट के पीछे ही खड़ा रहूंगा' (राहुल द्रविड़ से लंबी बातचीत)

राहुल द्रविड़ एक अरसे से क्रिकेट खेलने में मशगूल हैं। बिना रुके और बिना थके उनकी यह क्रिकेट यात्रा जारी है। सबसे ज्यादा लगातार टेस्ट मैच खेलने का रिकार्ड भी उन्हीं के नाम पर दर्ज है। उनके संकल्प, दायित्व और समर्पण की हर कोई इज्जत भी करता है और दुहाई भी देता है। पिछले दिनों अपनी क्रिकेट, दायित्व एवं खेलने के स्टाइलों पर जमकर चर्चा की। उनसे टुकड़ों टुकड़ों में हुई बातचीत का ब्यौरा हम यहां भी दे रहे हैं।

आपने जितनी मेहनत अंतर्राष्ट्रीय क्रिकेट में की है, उतनी ही घरेलू क्रिकेट में भी करते हैं। क्यों?

करनी ही पड़ती है, क्योंकि घरेलू क्रिकेट के जरिए तो ही हमें अपना आधार पता चलता है। घरेलू क्रिकेट में खेलने के कई लाभ भी होते हैं।

पिछले साल ईरानी ट्रॉफी में तो आपने फिर अच्छा खेल दिखाया था। बालाजी और वी वी एस लक्ष्मण के साथ आपकी पार्टनरशिप भी काफी अच्छी गुजरी थी।

हां, यह बात सच है। विशेषकर लक्ष्मीपति बालाजी ने बहुत ही अच्छे खेल का मुजाहिरा किया था और लक्ष्मण के साथ तो खेलने में तो मजा ही आ गया था। वैसे भी जब लक्ष्मण मेरे साथ मैदान पर होता है, तब खेलने का मजा ही कुछ और हो जाता है। तब हममें न तो थकान का असर होता है और न ही समय का। बस खेलते ही चले जाते हैं।

भारतीय तेज गेंदबाजों - जहीर खान और इरफान पठान के बारे में आपकी क्या राय है।

दोनों ही बहुत अच्छे खिलाड़ी हैं बढ़िया गेंदबाजी करते हैं इन दोनों का उत्साह और समर्पण देखते ही बनता है। हमें इनसे जितनी भी उम्मीदें होती हैं ये उन उम्मीदों पर खरे भी उतरते हैं।

और अपने स्पिन डिपार्टमेंट के बारे में आपकी क्या राय है?

अनिल कुंबले तो लाजवाब है ही। 440 के आसपास उनके टेस्ट विकेट हैं, जो यह दर्शाने के लिए काफी हैं कि उनका क्लास क्या है। दरअसल,

कुंबले ही अपना ट्रंप कार्ड है। और हरभजन सिंह। वाह क्या बात है। इसमें भी बहुत दम है। जैसे-जैसे समय बीतता जा रहा है अपने ये सरदार जी उतने ही मेच्योर होते जा रहे हैं पर उनकी गेंदें शुरू से ही घातक रहीं हैं। और अब तो मुरली कार्तिक भी आ गए हैं उनके आने का भी तो हमें लाभ मिलेगा और समय-समय पर मिल भी तो रहा है।

समय-समय यह बात भी चलती है कि आपको एक दिवसीय मैचों में कीपिंग करनी बंद कर देनी चाहिए। इस पोजीशन पर तो किसी विशेषज्ञ से ही कीपिंग करवानी चाहिए। आप क्या सोचते हैं इस बारे में?

एक दिवसीय अंतर्राष्ट्रीय क्रिकेट का तो कांसेप्ट ही यही है कि विकेट कीपर बनाया ही उसे जाए जिसे कीपिंग के साथ-साथ अच्छी बैटिंग भी करनी आती हो। पिछले दिनों हमें दिनेश कार्तिक के रूप में इस संदर्भ में एक अच्छा खिलाड़ी मिला है। हो सकता है कि आने वाले समय में उसी को ही यह जिम्मेदारी सौंप दी जाए। जहां तक मेरा सवाल है तो मुझसे जब तक टीम मैंनेजमेंट कीपिंग करने को कहेगा, मैं तब तक विकेट के पीछे खड़ा रहूंगा।

क्रिकेट के मैदान में आप लगातार संघर्ष करते और मेहनत करते दिखाई देते हैं। आपकी कामयाबी का मूल मंत्र क्या है?

अपने आपको लगातार इंप्रूव करने के बाबत न सिर्फ सोचना चाहिए, बल्कि लगातार सोचते रहना चाहिए। साथ ही हमें स्वयं के प्रति ईमानदार भी होना चाहिए। जब तक हम स्वयं के प्रति ईमानदार नहीं होंगे, हमारा कुछ भी नहीं हो सकता है। साथ ही हमें अच्छे स्तर की प्रैक्टिस की भी दरकार होती है। मैं यहां क्वालिटी की बात को महत्व दे रहा हूं न कि क्वांटिटी की। साथ ही मैं हरेक शख्स से यही कहना चाहूंगा कि प्रत्येक व्यक्ति को दिन की समाप्ति पर यह सोचना चाहिए कि उस दिन उस शख्स ने क्या किया और कैसा किया। कहीं उससे उस दिन चूक तो नहीं हुई। मेरा कहने का आशय यही है कि हर व्यक्ति को अपने हर दिन का हिसाब रखना चाहिए। कमियां ढूंढनी चाहिए और उन कमियों को दूर करने के उपाय भी करने चाहिए। जब हम ऐसा करेंगे, तो हमारा स्वत: कल्याण भी हो जाएगा।

अच्छा ये बताइये, इंग्लैंड के दौरे पर ही आप इतने हिट क्यों हो जाते हैं।

सच कह रहे हैं आप। इंग्लैंड का मेरे क्रिकेट जीवन में विशेष स्थान है। मैं जब भी वहां जाता हूं तब अच्छा करके आता हूं। मुझे वहां कंडीशन बहुत ही भाती है। वहां जाने से पहले ही मैं रोमांचित होने लगता हूं।

आपने इंग्लैंड से ही कैरियर की शुरुआत की। तब भी अच्छा खेले। 1999 के वर्ल्ड कप में भी अच्छा खेले . . .

हां, यह बात भी सच है कि मैं इंग्लैंड के दौरे पर शुरू से ही अच्छा खेलता रहा हूं। काफी सारे रन बनाए हैं हमने यहां। कुल मिला कर तो यही कह सकता हूं कि मुझे इंग्लैंड में खेलने में बहुत मजा आता है।

आप दक्षिण अफ्रीका में खेलें, न्यूजीलैंड में खेले, ऑस्ट्रेलिया की भी तेज विकेटों में आपका प्रदर्शन ठीक रहा। वेस्ट इंडीज में भी रंग जमाया। इंग्लैंड में खेलना और उन देशों में खेलना कैसा लगा?

बहुत टेढ़ा सवाल है। पर मैं जवाब सीधे-सीधे दिये देता हूं। वैसे तो हर देश में अपने हिसाब से चुनौतियां सामने आती हैं। और यदि आप इंटरनेशनल क्रिकेट खेल रहे हैं तो आपको ये चुनौतियां स्वीकारनी भी पड़ेंगी। रही बात इंग्लैंड में चमकने की, तो उसका सीधा-सीधा यही जवाब है कि मुझे और मेरे खेल को वहां की स्थितियां और परिस्थितियां रास आती है, बस।

इधर आपके बल्ले से बड़े-बड़े स्कोर निकल रहे हैं। ऑस्ट्रेलिया में 233 रनों की विशाल पारी। फिर रावलपिंडी में 270 रनों की ऐतिहासिक पारी। क्या इन दिनों तीसरी सेंचुरी की तो प्लानिंग नहीं कर रहे हो?

नहीं, यह और ऐसा सोचना गलत नहीं महागलत है। मैं जब भी विकेट पर होता हूं तब कोई लक्ष्य नहीं निर्धारित करता हूं। हां, जब जब रन बनते जाते हैं, तब-जब लक्ष्य निर्धारित करना शुरू कर देता हूं। मैं तो बस यही चाहता हूं कि मैं जब भी विकेट पर खेलने जाऊं, तो ज्यादा से ज्यादा खुद ही खेलता रहूं बस।

आपको विदेशी धरती का महानायक भी तो कहा जाता है? क्या विदेश में खेलने में आपको बहुत मजा आता है।

हां, मुझे विदेश में खेलने में मजा आता है। और मैंने अपने कैरियर के ज्यादातर रन वहीं बनाए हैं।

आपको किस नंबर पर बैटिंग करने में मजा आता है। तीसरे नंबर पर या. . .

मुझे ये समझ में नहीं आता है कि मेरे बैटिंग क्रम को लेकर दुनिया वाले क्यों परेशान रहते हैं। अरे भाई टीम को मुझे खिलाने की जहां जरूरत होगी, मुझे वहां खिलाया जाएगा। मैं खेलूंगा। वैसे यह बात सच है कि मुझे तीसरे नंबर पर ही खेलने में मजा भी आता है। और इसी पोजीशन पर खेल कर ही मुझे सबसे ज्यादा सफलता भी मिली है। हर कोई यह बात जानता है कि तीसरे क्रम

में ही मैं स्वयं को सहज भी पाता हूं और इसी पोजीशन पर खेल कर मैंने ढेरों रन भी बनाये हैं।

आपने क्या अपनी क्रिकेट लाइफ के कुछ बड़े लक्ष्य भी निर्धारित किए हैं कि टेस्ट में 11 हजार रन बनाएंगे या फिर वन डे में . . .

नहीं, नहीं। मैंने अपने क्रिकेट जीवन के कोई भी लक्ष्य निर्धारित नहीं किए हैं। हां, अभी यही सोचता हूं कि चार-पांच साल और खेल लूं। बस कोशिश यही रहेगी कि कितने दिन भी खेलूं। अच्छा खेलूं बढ़िया खेलूं और देश की सेवा कर सकूं। अपनी टीम को जिता सकूं। बस इसके अलावा मेरे जीवन का कोई भी लक्ष्य नहीं है।

क्या आप यह समझते हैं कि इस वक्त आप अपना सर्वश्रेष्ठ प्रदर्शन कर रहे हैं।

मैं कतई ऐसा नहीं समझता। हां, इतना जरूर कह सकता हूं कि इस समय पहले से कहीं ज्यादा अच्छी बैटिंग कर रहा हूं। मजा भी आ रहा है। अभी भी मैं यही कहूंगा कि मैं अभी भी और अच्छी बैटिंग कर सकता हूं। दो-तीन सालों से अच्छा तो खेल रहा हूं पर इसे अभी भी मैं अपना सर्वश्रेष्ठ प्रदर्शन नहीं ही कह सकता।

आस्ट्रेलिया के खिलाफ आपने कोलकाता में जो बड़ा शतक बनाया था, उसके बाद से तो आपकी कोई भी सीरीज अब तक खराब नहीं ही गई है। क्या आप बताएंगे कि इसकी असली वजह क्या है और आपने इस दौरान किस तरह से अपना खेल सुधारा है।

ऐसा कुछ भी नहीं है और ना ही मैंने अपने खेल में कोई बदलाव ही किया है। मैं तो वैसे ही खेल रहा हूं जैसे पहले खेलता था। हां, थोड़ा मेच्योर हो गया हूं और खेल में कंसिस्टेंसी आ गई है। बस। बाकी ऐसी-वैसी कोई बात नहीं है।

इस दौरान क्या आपने अपनी कमियां सुधारने की दिशा में भी कोई काम किया है।

(हंसते हुए) हां, समय-समय पर अपनी कमियां तो सभी को सुधार लेनी चाहिए। मैंने भी सुधारी हैं। यहीं नहीं, इस दौरान अपनी फिटनेस को लेकर भी बहुत काम किया है हमने। पहले से ज्यादा स्वयं को फिट भी समझने लगा हूं और ऊर्जावान भी।

इधर आपका खेल देख कर लगता है कि शॉट खेलने के मामले में आप पहले की अपेक्षा ज्यादा सकारात्मक हो गए हैं। पाजिटिव हो गए हैं।

ऐसा इसलिए हो का है, क्योंकि इन दिनों लगातार अच्छा खेल रहा हूं और खूब सारे रन भी बना रहा हूं। इन सारी स्थितियों ने पहले की अपेक्षा मेरी स्थिति को और अधिक मजबूत बना दिया है।

क्या ऐसा नहीं है कि एक दिवसीय क्रिकेट ने आपके खेल को पहले की तुलना में ज्यादा सकारात्मक बना दिया है और उम्दा बना दिया है।

यह बात तो सौ प्रतिशत सच है ही कि फटाफट क्रिकेट आपके खेल को और अधिक तेज भी बना देती है और सकारात्मक भी। मेरे खेल में भी इधर जो बदलाव आपको देखने को मिले हैं, उनकी भी बड़ी वजह वन डे क्रिकेट ही है। वन डे की तैयारियों को लेकर मैं जो प्रेक्टिस करता हूं, उससे मुझे काफी मदद मिल ही जाती है।

पहले तो आपको एक दिवसीय क्रिकेट के लायक ही नहीं समझा गया था। आपको भारत का वन डे टीम तक से निकाल दिया गया था। फिर आपने क्या किया कि आज भारत की एक दिवसीय टीम के आप अभिन्न अंग हो गए हैं।

मैंने भारतीय टीम में वापस आने के लिए बहुत मेहनत की थी। अपनी स्टाइल में भी बदलाव किये। तकनीक में भी थोड़े सुधार किए। अपनी कमियों के बाबत मैंने सीनियरों से बात की। कमियां ढूंढी फिर उन कमियों को दूर करने की दिशा में भी काम किया। बहुत मेहनत की थी मैंने भारत की वन डे टीम में वापस आने के लिए। मैं इस मामले में स्वयं को लकी मानता हूं कि मैं जल्दी ही भारत की वन डे टीम में फिर से वापस आ गया और अब तो जम भी गया हूं।

आपके बारे में यह भी कहा जाता है कि आप अपने खेल के बारे में सोचते बहुत हैं और बहुत सोच-समझ कर ही काम करते हैं। यहां तक कि आप अपने खेल को भी सोच-समझ कर ही आगे बढ़ाते हैं। क्या यह सच है।

हां, यह बात बिल्कुल सच है और सौ प्रतिशत सच है कि मैं अपने खेल को सोच-समझकर ही आगे बढ़ाता हूं। लोग मुझे थिंकिंग क्रिकेटर कहते हैं तो कहते रहें। मैं सच में ऐसा हूं तो इसे स्वीकारने में क्या हर्ज है। सोचने और आत्म चिंतन की कला को तो सभी को विकसित कर लेनी चाहिए, क्योंकि यही वह कला है जो आपकी काफ़ी सहायता करती है और आपको काफी आगे तक ले जाती है। भविष्य निर्माण में इस कला का यदि बेहतर ढंग से इस्तेमाल किया जाए तो इससे आपको काफी मदद भी मिल सकती है।

एक महत्वपूर्ण मैच खेलने से पहले आप क्या और कैसी तैयारियां करते हैं स्वयं को उस मैच के बाबत कैसे तैयार करते हैं।

इसके लिए मैं विपक्षी टीम के बॉलिंग डिपार्टमेंट के बारे में तथ्य एकत्र करता हूं और फिर उन्हें नेट्स पर अप्लाई करता हूं। ज्यादा से ज्यादा समय नेट्स पर गुजारता हूं ताकि स्वयं को उस मैच के बाबत तैयार कर सकूं। मार्के की बात तो यह है कि मैं नेट्स को भी एक मैच के रुप में ही लेता हूं। फिर मौसम आदि का ध्यान रख कर चिंतन करता हूं कि उस मैच में गेंद कितनी ओर किस कदर स्विंग कर सकती है। कुल मिला कर आप यह भी कह सकते हैं मैं एक मैच खेलने से पहले मानसिक और शारीरिक रूप से पूरी तरह से जब तैयार हो जाता हूं, तभी उस मैच में खेलने के लिए उतरता हूं।

जब आप किसी गेंद को खेल रहे होते हैं, तब क्या सोचते हैं। एक बार सचिन तेंदुलकर ने कहा था कि इन स्थितियों में यदि दिमाग को खाली रखा जाए तो वह स्थिति ही आदर्श स्थिति होती है। आप इस संदर्भ में क्या सोचते हैं।

वह स्थिति तो आदर्श स्थिति रहती है, जब तब आपके दिमाग में कोई उधेड़बुन नहीं रहती है और दिमाग खाली रहता है। ऐसे में आप गेंद को पूरी गंभीरता से देख सकते हैं और उसी के मुताबिक ही अपने शॉट भी चुन सकते हैं। ये स्थितियां खेल की शुरुआत में तो अच्छी लगती हैं, पर जब आपका स्कोर 40-50 के आसपास हो जाता है, तब आपका दिमाग थोड़ा परेशान सा रहना शुरू कर देता है। जैसे-जैसे पारी आगे बढ़ती है। दिमागी संतुलन थोड़ा अस्थिर होने लगता है। सच बात तो यही है कि ऐसी स्थितियों में ही तो यह तय हो जाता है कि दिमागी रूप से आप कितनी सक्षम पारी खेल सकते हैं या फिर खेल को आगे बढ़ा सकते हैं। दिमाग को असली परीक्षा तो तभी होती है जब आप लंबी पारी खेल रहे होते हैं।

खेल के दौरान वो कौन सी स्थितियां और परिस्थितियां बनती हैं, जब आप का खेल डिस्टर्ब हो जाता है और आप बीट होने लगते हैं।

ये स्थितियां और परिस्थितियां तभी पैदा होती है जब अच्छे गेंदबाज आपके सामने होते हैं। सक्षम और योग्य गेंदबाजों का मुकाबला करना आसान नहीं होता है। वे आपको बीट करते है ओर लगातार बीट करते हैं। तभी तो आप लगातार डिस्टर्ब होते हैं। कभी कभी तो कामचलाऊ गेंदबाज भी आपकी नींद खराब कर देते हैं। लिहाजा जब मैं विकेट पर होता हूं तब जरूरत से ज्यादा सतर्क रहता हूं।

अच्छा ये बताइए, जब आप पैड बांधे सीमा रेखा के बाहर बैठे होते हैं और बैटिंग के लिए आपका नंबर आनेवाला होता है, तब आप कैसा महसूस करते हैं।

ऐसे में मैं स्वयं रिलैक्स मूड में ही रहता हूं। टेंशन फ्री। सिर्फ खेल देखता हूं और गेंदबाजों की गतिविधियों पर भी पूरी नज़र रखता हूं। फील्ड सेटिंग्स पर नजर दौड़ाता हूं। विकेट का बाउंस गंभीरता से देखता हूं। एक कप चाय मंगाता हूं और पड़ोस में बैठे व्यक्ति से हल्की फुल्की बातें भी करता रहता हूं ताकि दिमाग पर मैच का प्रेशर ना ही रहे। हां, जब विकेट पर साझेदारी थोड़ी लंबी होने लगती है, तब पैड बांध कर बैठना थोड़ा कष्ट प्रदान करता है।

और जब आप खेलने के लिए मैदान पर जा रहे होते हैं, तब आपके दिमाग में क्या कुछ चल रहा होता है।

तब मैं बड़ी तेजी से विकेट की तरफ बढ़ता हूं ताकि शरीर में थोड़ी फुर्ती आ सके। ऐसे में थोड़ी नर्वसनेस भी महसूस करता हूं। तब ऐसा लगता है जैसे आपके पेट में तितलियां उड़ रही हैं। तब महसूस आपको ठीक ऐसा ही होगा, चाहे तब तक आपने दस टेस्ट मैच खेले हों या फिर 100। महसूस ऐसा ही होगा। स्थितियां भी ऐसी नजर आएंगी और परिस्थितियां भी। ऐसे में आपको थोड़ी मानसिक ऊर्जा की भी दरकार होती है। मैं भी ऐसी स्थितियों से गुजरता हूं तो सिर्फ विकेट की तरफ देखता हूं और सिर्फ उस दूसरे बल्लेबाज से बातें करने की कोशिश करता हूं जो विकेट पर डटा होता है। कोशिश यही करता हूं कि सारी स्थितियों को ईजी कर दिया जाए।

जब आप पहली गेंद खेल रहे होते हैं, तब आप कैसा महसूस करते हैं तब आप पहली गेंद को पीटने की फिराक में रहते हैं या फिर छोड़ने की. . .

इस बारे में चिंतन तो करता ही हूं। इसी दौरान ही जब गेंद आती है, तब दिमाग भी अपनी तीव्र गति से चल रहा होता है। हां, मेरी तो यही इच्छा होती है कि मुझे पहली गेंद या तो फुल टॉस मिले या फिर लेग साइड पर मिले, तो मजा आ जाए। पर शुरू में जितनी भी गेंदे छोडनी पड़ें छोड़ देनी चाहिए। इससे आपको तमाम बातों का बता चल जाता है। बाउंस, तेजी, टर्न स्थितियां सबकी सब स्थितियां आप जान जाते हैं। ये सब बातें जब आप जान जाते हैं, तो स्वाभाविक है फिर आप जल्दी सेट हो जाते हैं। जब आप सेट हो जाएंगे, तब तो रन बनेगे ही बनेंगे।

एक पारी को आप कैसे सजाते और संवारते हैं।

विकेट जब माकूल होने लगता है और गेंदें समझ में आने लगती है तभी धीरे-धीरे रन भी बनने शुरू हो जाते हैं। तब स्ट्रोक्स का चयन भी आसान होने लगता है। साथ के खिलाड़ी से भी अपनी बैटिंग के बाबत बीच बीच में राय ले लेता हूं। उससे भी बहुत मदद मिल जाती है। यदि टेस्ट मैच होता है तो दिमाग को ज्यादा ठंडा रखना पड़ता है, पर यदि वन डे होता है तो स्थितियों और परिस्थितियों में भी बदलाव आ ही जाता है। टेस्ट मैचों में आपको ज्यादा लचीला होना पड़ता है और वन डे मैचों में कुछ नया करने के बाबत दिमाग में उधेड़बुन रहती है। हां, यदि मैच भारत में होते हैं तो शॉट्स ज्यादा खेलने की संभावनाएं कम होती है। जब आप इंग्लैंड या आस्ट्रेलिया में होते हैं तो यही संभावनाएं बढ़ जाती है। आप ज्यादा तीव्र गति से रन भी बना सकते हैं वहां। वहां की विकटों पर आप अपने स्ट्रोक्स खुल कर खेल सकते हैं। भारत में ऐसा कतई संभव नहीं है।

कांस्ट्रेशन यानी एकाग्रता की इस खेल में बहुत महत्त्वपूर्ण भूमिका होती है। एकाग्रचित होने के लिए आप क्या करते हैं।

कुछ खिलाड़ियों में यह गुण पैदाइशी होता है, तो कुछ को इसे विकसित भी करना पड़ता है। जब मैं नेट्स पर होता हूं तो सबसे ज्यादा काम मैं एकाग्र होने के लिए ही करता हूं। मैं नेट्स को भी पूरी गंभीरता से लेता हूं और वहीं पर ही तो मैं एकाग्रचित होने का अभ्यास भी करता हूं। पहले मैं इस दिशा में थोड़ा कमजोर था, पर धीरे-धीरे अभ्यास करके मैं एकाग्रचित होने की दिशा में ठीक ठाक परिपक्व हो गया हूं।

अब हो सकता है द्रविड़ का प्रमोशन

इस बात को तो सारा भारत क्या, सारी दुनिया स्वीकार कर रही है कि मिस्टर भरोसेमंद के लिए सन् 2004 बहुत ही बढ़िया रहा। लाभकारी रहा और फायदेमंद भी, पर किसी की भी नजर एक कोण पर नहीं पड़ी। वह कोण था द्रविड़ जी की कप्तानी का। उन्होंने पिछले साल चार बड़े टेस्ट मैचों की कप्तानी की और उसमें से चारों में परिणाम भी निकले। दो टेस्ट मैचों में उन्होंने पाकिस्तान के खिलाफ कप्तानी की और दो टेस्ट मैचों में ऑस्ट्रेलिया के खिलाफ।

मुल्तान में जब पहला टेस्ट मैच भारत और पाकिस्तान के बीच खेला गया, तब कप्तान द्रविड़ ही थे। यह मैच भारत ने पारी के अंतर से जीता। दूसरा टेस्ट भी राहुल की सदारत में लाहौर में खेला गया, जिसमें हम हार गये। फिर ऑस्ट्रेलिया के खिलाफ नागपुर टेस्ट में भी द्रविड़ कप्तान थे, जिसमें भारत हारा, पर मुंबई टेस्ट में भारत ने कंगारुओं को धूल चटा दी। इस मैच में भी द्रविड़ ही कप्तान थे। ये ऐसे बड़े मैच थे, जिसने बिना किसी लाग-लपेट के राहुल द्रविड़ के कद में बहुत-बहुत बढ़ोतरी की और उनके कद को भी काफी बड़ा और विशाल बना दिया। इन्हीं सब बातों को लेकर ही तो कहा जा रहा है कि अब वक्त आने वाला है, जब राहुल द्रविड़ का प्रमोशन होगा और होकर रहेगा, क्योंकि उन चार टेस्ट मैचों में इस बात का सारी दुनिया ने देख ही लिया है कि वह कितने जिम्मेदार हैं, रचनात्मक हैं और टीम मैन हैं। सब प्रयोगों में टीम भी सफल रही है और राहुल जी द्रविड़ भी।

पहाड़ी नदियां टेढ़े-मेढ़े पथरीले रास्तों पर पूरी गरज के साथ इठलाकर चलती है। इन नदियों को अपनी रवानगी पर बड़ा गुरूर होता है। लेकिन इन नदियों में इतना पानी भी नहीं होता कि वे किसी इंसान को सराबोर कर सकें। इसके ठीक विपरीत होता है महासागर का व्यवहार। अपनी आगोश में अथाह, अनंत जलराशि समेटे होने के बावजूद वह बिल्कुल स्थिर और शांत दिखता है। भारतीय क्रिकेट के संदर्भ में बात करें तो उपकप्तान राहुल द्रविड़ की तुलना एक ऐसे ही महासागर से की जा सकती है जो अपने भीतर अथाह उपलब्धियों के रत्न संजोये होने के बावजूद बेहद शांत, विनम्र और मृदु है। आत्म प्रचार और

बड़बोलेपन के इस युग में जब हमें तमाम ऐसे खिलाड़ी गर्व और हठ से लदे फदे नजर आते हैं जिनकी उपलब्धियां द्रविड़ के पासंग भी नहीं हैं, तो महानता की श्रेणी में कदम रख चुके इस बल्लेबाज की सदाशयता और स्थिरता निसंदेह काफी हैरान करती है। लेकिन यहां हमें याद रखना चाहिए कि महानता के साथ विनम्रता हमारी संस्कृति की पहचान है और एक सच्चे भारतीय होने के नाते द्रविड़ पूरी क्षमता पर उस गौरवशाली परंपरा का निर्वाह कर रहे हैं।

भारतीय क्रिकेट इतिहास पर करीबी नजर रखने वाले सभी लोग जानते हैं कि एकाध मौकों को छोड़कर भारतीय खिलाड़ी अंतर्राष्ट्रीय क्रिकेट में कभी भी एक टीम के रूप में बहुत बेहतरीन प्रदर्शन नहीं कर पाए। लेकिन इसके साथ ही यह बात भी सच है कि दुनिया के बड़े-बड़े विशेषज्ञों ने इसे स्वीकार भी किया है कि भारतीय क्रिकेट ने समय पर कुछ विलक्षण प्रतिभाओं को जन्म दिया है। खासकर भारतीय टीमों का बल्लेबाजी पक्ष तो पिछले करीब पच्चीस सालों से काफी समृद्ध रहा है। सत्तर के दशक में सुनील गावस्कर और गुंडप्पा विश्वनाथ की प्रतिभा का लोहा सारा क्रिकेट जगत मानता है। इस जोड़ी की विदाई के बाद दिलीप वेंगसरकर, मोहिन्दर अमरनाथ ओर मोहम्मद अजहरुद्दीन ने लंबे समय तक अपने नामों का डंका बजवाया। नब्बे के दशक में सचिन, द्रविड़ व गांगुली की नई त्रिमूर्ति अस्तित्व में आई और पिछले तकरीबन एक दशक से दुनिया भर के क्रिकेट मैदानों में इस तिकड़ी का साम्राज्य रहा है।

क्रिकेट की दुनिया में सचिन तेंदुलकर को सिर्फ भारतीय ही नहीं बल्कि विश्व भर के बल्लेबाजों का सिरमौर माना जाता है। निसंदेह सचिन की प्रतिभा और क्षमता के साथ-साथ उनकी उपलब्धियां भी अविश्वसनीय हैं। सचिन की शख्सियत के साथ एक ऐसा आभा मण्डल जुड़ गया है जिसने उन्हें एक जीता-जागता इतिहास बना दिया है और उसकी इस हैसियत से भारतीय क्रिकेट भी निश्चित रूप से गौरवान्वित हुआ है। लेकिन सचिन के इर्द-गिर्द मीडिया द्वारा रचे गए इस आभा मण्डल का भारतीय क्रिकेट में जुड़ी कुछ दूसरी शख्सियतों को खासा नुकसान उठाना पड़ा है। इस कथन को सचिन की खिलाफत के प्रयास के बजाय यदि सहज निरपेक्ष रूप में देखा जाए तो उसकी सच्चाई व सार्थकता को हर शख्स महसूस कर पाएगा। कुछ वर्षों पहले आपको याद होगा कि कप्तान सौरव गांगुली ने मीडिया के प्रो-सचिन रूख पर टिप्पणी करते हुए कहा था कि भारतीय टीम में सचिन के अलावा दूसरे खिलाड़ी भी हैं। गांगुली के इस बयान पर मीडिया के एक वर्ग ने अच्छा खासा बवंडर मचा दिया था और क्रिकेट प्रेमियों के सामने इस मामले को ऐसे पेश किया जैसे कि

गांगुली सचिन की लोकप्रियता से जल-भुन रहे हों। जबकि हकीकत में गांगुली के उस बयान का निहितार्थ सिर्फ इतना ही था कि मीडिया को अपनी कवरेज में सिर्फ एक खिलाड़ी यानी सचिन तेन्दुल्कर को ही हाईलाइट करने के बजाए अन्य खिलाड़ियों के प्रदर्शन पर भी ध्यान केन्द्रित करना चाहिए। गांगुली की इस बात में दम था। सचिन की विराट छाया में रहने का टीम के कई बेहतरीन खिलाड़ियों को खासा नुकसान हुआ है और इन खिलाड़ियों में से गांगुली भी एक रहे हैं। लेकिन गांगुली को तो टीम का कप्तान होने के नाते लाइमलाइट मिल गई, पर टीम में मौजूद एक अन्य विश्वस्तरीय बल्लेबाज की प्रतिभा खासी अनदेखी की गई और यह प्रतिभा थी राहुल द्रविड़।

11 नवंबर, 1973 को इंदौर में जन्मे द्रविड़ ने 1996 के इंग्लैंड दौरे में लॉर्ड्स टेस्ट के साथ टेस्ट क्रिकेट में कदम रखा था और अपनी पहली ही पारी में 95 रन बनाने के बाद से लेकर आज तक वे एक निस्वार्थ साधक की तरह तन-मन से भारतीय क्रिकेट की निंर्बाध सेवा कर रहे हैं। अब तक न जाने कितने संकट के क्षण भारत ने कर्नाटक के इस कलात्मक बल्लेबाज के सहारे टाले होंगे और तमाम मौकों पर उसी के बल्ले के सहारे टीम ने जीत हासिल की। टीम के प्रति समर्पण का जज्बा उनमें इस हद तक मौजूद है कि जब वन डे क्रिकेट में टीम की बल्लेबाजी को मजबूत बनाने के लिए एक अतिरिक्त बल्लेबाज को जगह देने की जरूरत महसूस की गई तो उन्होंने अपनी फॉर्म तथा फिटनेस गंवाने का खतरा उठाते हुए भी विकेटकीपर का अतिरिक्त दायित्व संभालने में संकोच नहीं किया। भारतीय बल्लेबाजों की आम पहचान यह रही है कि वे अपनी पिचों पर तो ढेरों रन बनाते हैं, लेकिन देश के बाहर जाकर टांय-टांय फिस्स हो जाते हैं। लेकिन ऑस्ट्रेलिया, इंग्लैंड, दक्षिण अफ्रीका, पाकिस्तान और न्यूजीलैंड की पिचों पर लगातार बेहतरीन प्रदर्शन करके द्रविड़ ने इस धारणा को छिन्न-भिन्न कर डाला।

यदि बिल्कुल निष्पक्ष आंकलन किया जाये तो यह कहने में कतई संकोच नहीं होना चाहिए कि पिछले दिनों तीन वर्षों मे प्रदर्शन के लिहाज से भारत के नंबर एक बल्लेबाज द्रविड़ ही रहे हैं, न कि सचिन तेंदुलकर। हालांकि इसस पूर्व भी वह लगातार बेहतरीन प्रदर्शन कर रहे थे, लेकिन उस समय तक प्रेस एक अकेले सचिन तेंदुलकर की सफलताओं और असफलताओं की विवेचना करने में इस हद तक लिप्त थी कि अन्य खिलाड़ियों के बारे में लिखने का उसे होश ही नहीं था। लेकिन द्रविड़ के बल्ले से लगातार निकलती शानदार पारियों ने आखिरकार मीडिया को मजबूर कर दिया कि वह अपना फोकस इस

स्टाइलिश बल्लेबाज की जानिब करे। इसके बाद तो प्रिण्ट व इलेक्ट्रॉनिक्स प्रचार माध्यमों में राहुल कुछ इस तरह छाए कि उन्हें सीधे सुपरस्टार का दर्जा हासिल हो गया। सचिन को यदि प्रेस ने 'मास्टर ब्लास्टर' का तमगा दिया था तो द्रविड़ को मजबूत बल्लेबाजी के मद्देनजर उनके लिए 'द वॉल' का विशेषण रचा गया। निरंतर बेहतरीन खेल दिखाकर उन्होंने खुद को भारतीय बल्लेबाजी के सबसे बड़े न्यूक्लियस के रूप में स्थापित कर लिया और वर्ष 2004 तो उनके लिए असाधारण उपलब्धियों का साल बन आया।

उम्र का 32वां साल राहुल द्रविड़ के लिए अकल्पनीय कामयाबियों की सौगात लेकर आया। हालांकि जैसा कि हम ऊपर लिख चुके हैं, इससे पहले भी वह काफी समय से लगातार विश्वस्तरीय प्रदर्शन कर रहे थे, लेकिन उनके नाम का क्रिकेट की दुनिया में ऐसा डंका पहले नहीं बजा था, जैसा कि वर्ष 2004 के दौरान बजा।

इस साल की शुरुआत हुई, उस समय भारतीय टीम ऑस्ट्रेलियाई दौरे पर थी। काफी समय बाद यह विदेशी भूमि पर खेली गई एक ऐसी श्रृंखला रही थी जिसमें भारतीय टीम अपमानित होने के बजाय गर्व से सिर उठा कर लौटी और इस स्थिति का सबसे ज्यादा श्रेय जाता है द्रविड़ की एकाग्रता भरी बल्लेबाजी को। 4 टेस्टों की इस सीरीज में उन्होंने 123.80 के बेहतरीन औसत से 619 रन बनाए जिनमें एडीलेड में ठोका गया ऐतिहासिक दोहरा शतक शामिल था।

ऑस्ट्रेलिया के विरुद्ध 4 टेस्टों की सीरीज चौथे और अंतिम टेस्ट के साथ भारतीय टीम के वर्ष 2004 के क्रिकेट कैलेण्डर की शुरुआत हुई। इस अनिर्णीत मैच में द्रविड़ ने 129 रनों का योगदान दिया। इसके बाद शुरु हुई त्रिकोणीय वी.बी.सिरीज। इस वन डे सिरीज में उन्होंने 10 मैच खेले और उनकी 9 पारियों में 4 अर्द्धशतकों समेत 277 रन बनाए। ऑस्ट्रेलिया से लौटने के बाद भारतीय टीम पाकिस्तान गई और यह सीरीज भी भारतीय टीम के लिए ऐतिहासिक सफलता लेकर आई। इस श्रृंखला में द्रविड़ ने न सिर्फ बल्लेबाज के रूप में 3 टेस्टों की 4 पारियों में 77.25 के औसत से 309 रन बनाए, बल्कि कप्तान सौरव गांगुली की अस्वस्थता के कारण सिरीज के पहले दो टेस्टों में टीम की कप्तानी का दायित्व भी उन्हें संभालना पड़ा। इन दोनों टेस्टों में से एक में भारत जीता और एक में पाकिस्तान लेकिन द्रविड़ ने जिस ठण्डे दिमाग से टीम की अगुवाई की और जिस तरह चतुराईपूर्वक अपने खिलाड़ियों का उपयोग किया वह इस बात का स्पष्ट प्रमाण था कि उनके भीतर एक श्रेष्ठ कप्तान वाली सारी खूबियां मौजूद हैं। समीक्षकों को भी उनके नेतृत्व कौशल

ने खासा प्रभावित किया।

पाकिस्तान के विरुद्ध खेली गई 5 वन डे मैचों की सिरीज भी भारत ने 3-2 से जीती और इस विजय में भी द्रविड़ की बल्लेबाजी (62.00 के औसत से 248 रन) का खासा अहम योगदान रहा। इसके बाद श्रीलंका में खेले गए एशिया कप में 6 मैचों में 41.60 के औसत से 208 रन बनाए। फिर इंग्लैंड में आई.सी.सी मिनी विश्व कप में उन्होंने दो मैचों में क्रमश: 67 व 30 रन की पारियां खेलीं और एक बार नॉटआउट रहे। यानी उनका औसत रहा 97.00।

2004 के अंतिम महीने में भारत भ्रमण पर आई ग्रीम स्मिथ की दक्षिण अफ्रीकी टीम के खिलाफ दो टेस्टों की सीरीज की तीन पारियों में द्रविड़ ने एक बार अविजीत रहते हुए 90.50 के औसत से 181 रन बनाए और फिर बांग्लादेश दौरे में दो टेस्टों में 2 पारियों में उन्होंने एक शतक सहित 160 रन जोड़े। बांग्लादेश के खिलाफ 2 एकदिवसीय मैचों में उन्होंने दोनों बार अर्द्धशतकीय पारी खेलीं। इस तरह वर्ष 2004 के पूरे बारह माह के दौरान घरेलू सिरीज रही हो या विदेश दौरा, टेस्ट मैच रहा हो या एकदिवसीय मैच-द्रविड़ का बल्ला बिना रुके लगातार गर्जना करता रहा।

वर्ष 2004 द्रविड़ के अब तक के कैरियर के लिए सर्वाधिक अविस्मरणीय और उपलब्धिपूर्ण साल साबित हुआ। टेस्ट मैचों में इस वर्ष उन्होंने 8 मैचों की 11 पारियों में 77.30 के बेहतरीन औसत सि 773 रन बनाए जिनमें 4 शतक शामिल थे। इनमें एक दोहरा शतक (270) भी था जो उन्होंने पाकिस्तान के खिलाफ मुल्तान टेस्ट में ठोका था। टेस्ट क्रिकेट में द्रविड़ का प्रदर्शन इस साल भारत की ओर से वीरेन्द्र सहवाग के बाद दूसरा सर्वश्रेष्ठ प्रदर्शन है। इसी वर्ष उन्होंने टेस्ट क्रिकेट में अपने 7000 रन पूरे किए और बांग्लादेश के खिलाफ श्रृंखला में शतक जमाने के साथ ही उन्होंने एक ऐसा अनोखा कीर्तिमान रच डाला जो कि अभी तक दुनिया के दूसरे किसी भी बल्लेबाज के नाम नहीं लिखा गया है। यह कीर्तिमान है टेस्ट समुदाय के सभी देशों के खिलाफ स्वदेश तथा विदेश में शतक ठोकना।

टेस्ट क्रिकेट में द्रविड़ भारत में नंबर दो रहे, लेकिन वन डे क्रिकेट में वर्ष 2004 के प्रदर्शन के आधार पर वे वर्ल्ड नंबर बन गए। वर्ष में खेले 31 वन डे मैचों की 28 पारियों में उन्होंने 39.42 के औसत से 1025 रन बनाए जिनमें एक शतक और दस अर्द्धशतक शामिल थे। इसके अलावा इस वर्ष 4 टेस्टों में भारत की कप्तानी करना भी उनके कैरियर की अहम उपलब्धि रही। हालांकि हार-जीत के लिहाज से उनका रिकॉर्ड फिफ्टी-फिफ्टी रहा, लेकिन पाकिस्तान

के खिलाफ मुल्तान और ऑस्ट्रेलिया के खिलाफ मुंबई टेस्ट की जीत ऐतिहासिक मानी जाएगी।

लेकिन खेल के मैदान में हासिल की गई इन तमाम उपलब्धियों के अलावा पिछले साल द्रविड़ ने जो सबसे बड़ा सम्मान अपने और भारतीय क्रिकेट के लिए हासिल किया, वह था आई.सी.सी का 'क्रिकेटर ऑफ द ईयर' सम्मान।

विश्व क्रिकेट की सर्वोच्च नियामक संस्था आई.सी.सी. ने वर्ष के सर्वश्रेष्ठ खिलाड़ी को चुनकर सम्मानित करने की परंपरा इसी वर्ष से शुरू की थी और वह भारतीय क्रिकेट के लिए एक बेहद गौरवशाली क्षण था जब लंदन के विख्यात अलेक्जेण्ड्रा पैलेस में आयोजित भव्य समारोह में, क्रिकेट जगत की तमाम नामचीन और दिग्गज हस्तियों मौजूदगी में, राहुल द्रविड़ को आई.सी.सी. का पहला 'क्रिकेटर ऑफ द ईयर' पुरस्कार देने की घोषणा की गई। इसके साथ-साथ उन्हें आई.सी.सी. द्वारा 'टेस्ट क्रिकेट प्लेयर ऑफ द ईयर' का सम्मान भी प्रदान किया गया जबकि वन डे क्रिकेट के लिए यह पुरस्कार इंग्लैंड के एण्ड्रयू फ्लिंटॉफ को मिला।

आज राहुल द्रविड़ एक ऐसा नाम बन चुका है जिसका जिक्र क्रिकेट के सर्वकालीन दिग्गजों के साथ किया जाता है। टेस्ट क्रिकेट में 86 मैचों में 57.52 के औसत से 18 शतक, 35 अर्द्धशतक तथा 119 कैचों समेत 7363 रन बना कर आज की तारीख में वे निश्चित रूप से भारत के नंबर एक टेस्ट बल्लेबाज बन चुके हैं। उनके रनों और शतकों का आंकड़ा भले ही सचिन की तुलना में फीका नजर आता हो लेकिन इस बात में कतई दो राय नहीं हैं कि पिछले दो तीन वर्षों व खासकर वर्ष 2004 में उनके खेल में सचिन तेंदुलकर से कहीं ज्यादा स्थायित्व नजर आया है और वह टीम के लिए ज्यादा बहुमूल्य साबित हुए हैं। ठीक यही स्थिति वन डे क्रिकेट में है। 245 मैचों की 224 पारियों में 9 शतक, 56 अर्द्धशतक और 39.34 के औसत के साथ 7751 रन बनाने वाले द्रविड़ रनों की संख्या या शतकों की संख्या के मामले में सचिन से भले ही काफी पीछे नजर आएं, लेकिन आज की तारीख में वे भारतीय क्रिकेट के लिए उतने ही बेशकीमती और जरूरी बन चुके हैं, जितने की सचिन तेंदुलकर।

कुल मिलाकर इस बात को बड़ी आसानी से कहा भी जा सकता है और स्वीकार भी किया जा सकता है कि भारतीय उप कप्तान का कद लगातार बढ़ रहा है और हमें अब ज्यादा दिनों तक इंतजार करना पड़ेगा नहीं, क्योंकि कप्तानी में जब भी फेरबदल होगा, बदलाव होगा, तो दादा सौरव गांगुली की जगह छोटे दादा यानी राहुल द्रविड़ को ही यह पद प्रदान किया जाएगा।

सुनामी मैच में भी हिट

पिछले दिनों भारत, श्रीलंका और इन्डोनेशिया के तटवर्ती क्षेत्रों में समुद्री लहरों ने जो कहर मचाया था, उसको याद करके हम आज भी सिहर जाते हैं। उस भयावह दृश्यों को देखकर तो कोई भी शख्स द्रवित हो सकता है। द्रवित हुए भी। ना तो क्रिकेट ही सुनामी से अछूता रहा और न क्रिकेटर ही। सुनामी पीड़ितों की मदद के लिये अंतर्राष्ट्रीय क्रिकेट परिषद ने दो वन डे मैचों को आयोजित करने की घोषणा की। ये मैच विश्व एकादश और एशियाई एकादश के बीच खेले जाने का ऐलान हुआ। पहला मैच 10 जनवरी को ऑस्ट्रेलिया के मशहूर शहर मेलबोर्न में खेला गया तो दूसरा हो सकता है कि भारत की सरज़मीं पर खेला जाए।

इस मैच की सबसे अच्छी और बड़ी बात यह थी कि मैच में भारत के पाँच खिलाड़ियों को अवसर दिया गया। ये पांच खेले भी। एशियाई टीम का कप्तान सौरव गांगुली को बनाया गया, तो टीम में शामिल किए गए भारत के उपकप्तान राहुल द्रविड़, तूफानी बल्लेबाज़ वीरेन्द्र सहवाग, तेज़ गेंदबाज़ ज़हीर ख़ान और मशहूर स्पिनर अनिल कुंबले जी। हालांकि मास्टर ब्लास्टर सचिन तेंदुलकर को टीम में लिया गया था, पर डॉक्टरों की हिदायत के चलते वह यह मैच नहीं खेले।

हां, इस ऐतिहासिक मैच में एशिया का कप्तान बनाए जाने पर भारतीय कप्तान सौरव गांगुली के सम्मान में बड़ा जबरदस्त इजाफा हुआ। यह उनकी नेतृत्व क्षमता की ही जीत है कि उन्हें इतनी बड़ी टीम की कप्तानी सौंपी गई और उन्होंने मेलबोर्न में खेले गए मैच में कप्तानी के काम को बड़े अच्छे ढंग से अंजाम भी दिया। लोग चाहे कुछ भी कहें पर सुनामी के मैच ने सौरव के कद को काफी बड़ा कर दिया है। सबसे बड़ी बात यह है कि इस फैसले ने उनकी छवि में बड़ा भारी इजाफा किया है और सारी दुनिया ने उन्हें एक अच्छा और बड़ा कप्तान माना है, बस।

भारतीय कप्तान सौरव गांगुली ने तो सुनामी मैच में एशियाई एकादश का कप्तान बनाए जाने पर हर्ष भी व्यक्त किया था। उन्होंने साफ एवं स्पष्ट शब्दों में यह कहा भी था कि एक नेक काम के लिए चुनी गई टीम का मुझे कप्तान

बनाकर गौरवान्वित किया गया है। यह मेरे लिए किसी बड़ी उपलब्धि से कम नहीं है।

उन्होंने पिछले दिनों कोलकाता में बैंक ओलंपियाड का उद्घाटन करते हुए कहा कि इस महान कार्य का हिस्सा बन कर मैं काफी खुश हूं। वैसे भी यह आयोजन अपने आप में बहुत ही फख्र की बात है। यही नहीं उन्होंने इस तरह की मदद भविष्य में भी जारी रखने का भरोसा दिलाया और कहा कि एशिया के क्रिकेटर इस दिशा में जो भी हो सकेगा, करते रहेंगे। इस तरह की विपदाओं के वक्त हम हमेशा पीड़ितों का साथ देते रहेंगे।

सौरव तो इस बात से भी बहुत प्रसन्न थे कि एशियाई एकादश में ज्यादा से ज्यादा खिलाड़ी भारत के ही थे। सौरव के अलावा वीरेन्द्र सहवाग, राहुल द्रविड़, ज़हीर ख़ान और अनिल कुंबले ने एशियाई एकादश की तरफ से मेलबोर्न में मैच खेला था। सचिन तेंदुलकर भी टीम में थे, पर डॉक्टरों के मना करने के कारण वह मैच नहीं खेल सके, जबकि वह मेलबोर्न गए थे। मैदान में भी उतरे थे पर खेले नहीं थे।

उधर दूसरी ओर भारत के उपकप्तान राहुल द्रविड़ ने भी तो सुनामी वाले इस मैच में उम्दा पारी खेल कर यह जतला दिया है कि उसमें कितना है दम। राहुल ने इस मैच में 71 गेंदों पर 75 रन बनाए। जिसमें पांच चौके भी थे। हालांकि एशियाई एकादश यह मैच नहीं जीत पाया, पर राहुल ने एशियाई एकादश की तरफ से सबसे ज्यादा रन बनाकर इस बात को फिर से साबित किया कि वह कितने क्षमतावान बल्लेबाज़ हैं। सुनामी मदद के लिहाज़ से भी उन्होंने सुनामी पीड़ितों को 75 हजार डॉलर की मदद दी।

भारतीय क्रिकेट टीम के कप्तान सौरव ने सिर्फ सुनामी पीड़ितों के मैच में शिरकत नहीं की, बल्कि अन्य माध्यमों से भी चंदा एकत्र किया। इसी साल दस जनवरी को मेलबोर्न में खेले गए मैच के लिए उन्होंने पहले से ही यह घोषणा कर दी थी कि एक नंबर की टी-शर्ट पहनकर वह यह मैच खेलेंगे। वह इसी नंबर की टी-शर्ट पहनकर खेले भी। वैसे उन्होंने इस मैच में बनाए सिर्फ 22 रन, वो भी 40 गेंद खेल कर, जिसमें दो चौके भी उन्होंने मारे थे। इस मैच में ज़हीर ख़ान ने 6 नंबर की टी-शर्ट पहनी तो भारत के उपकप्तान राहुल द्रविड़ ने पहनी तीन नंबर की टी-शर्ट। लेग स्पिनर अनिल कुंबले को सात नंबर भाया, तो वीरेन्द्र सहवाग ने पहनी 10 नंबर की टी-शर्ट। हालांकि मेलबोर्न वाले मैच से पहले जो आंकड़ेबाज़ी की गई थी, उसमें यह कहा गया था कि यदि एशियाई एकादश के कप्तान सौरव गांगुली इस मैच में यदि 86 रन बना लेते

तो उनके एकदिवसीय अंतर्राष्ट्रीय मैचों में 10 हजार रन पूरे हो जाते, पर ऐसा हो नहीं सका क्योंकि आदरणीय गांगुली जी सिर्फ 22 रन ही बना सके। जिसका साफ सा मतलब यह हुआ कि अभी 10 हजार रनों का आंकड़ा छूने के लिए उन्हें अभी और 64 रन बनाने होंगे। सुनामी वाले इस मैच से पहले सौरव दादा गांगुली ने 266 एकदिवसीय मैंचों में नौ हजार 914 रन बनाए थे।

जहां तक राहुल द्रविड़ की क्षमताओं का सवाल उठता है, तो इस बारे में तो किसी भी तरह की ना तो टीका ही की जा सकती है और ना ही टिप्पणी ही की जा सकती है। वह इस सुनामी मैच में जम कर खेले और उन्होंने एशियाई एकादश की तरफ से सबसे ज्यादा रन बनाए और फिर से यह बात साबित की कि वह किसी भी टीम के खिलाफ कुछ भी कर सकते हैं। और उन्होंने मेलबोर्न में करके दिखा भी दिया।

पिछले दिनों समुद्र में उठीं सुनामी लहरों ने सारी दुनिया को अपनी आगोश में ले लिया। भारत, श्रीलंका, इण्डोनेशिया में मौत का जो तांडव हुआ, उसे लोग सालों तक नहीं भुला पाएंगे। उस निपदा से निपटने के लिए क्रिकेटरों ने मदद का जो बीड़ा उठाया, वह प्रशंसनीय था। पहली मर्तबा खेल जगत से क्रिकेटर आगे आए। मेलबोर्न में हुई चैरिटी मैच ने जो जलवे बिखेरे वे यादगार रहे।

मेलबोर्न के मैदान पर पिछली 10 जनवरी को क्रिकेटरों ने इंसानी एकता और एकजुटता के जो दर्शन कराए, वे काबिले तारीफ थे। दिलों में सुनामी का दर्द सकाये तकरीबन 90 हजार लोगों ने इस मैच को टीवी के माध्यम से देखा तो सारी दुनिया के 126 देश के लोगों ने इस मैच को टीवी के माध्यम से देखा। सच बात तो यह है कि इस बड़े और महाविनाशक हादसे के बाद सबसे पहले क्रिकेटर मदद के लिए आगे आए। वरना पहले अन्य खेल से जुड़े लोग ही आते थे, पर इस बार क्रिकेटर आगे आए। अन्य खेल और खिलाड़ी इस बरबत सोच ही पाते थे कि क्रिकेट का एक बड़ा मैच मेलबोर्न में हो भी गया।

इस सुनामी मैच की सबसे बड़ी बात यह रही कि इस मैच ने क्रिकेट की लोकप्रियता में भी चार चांद लगाए। 122 देश के लोगों ने टीवी के माध्यम से ही जाना कि क्रिकेट क्या होता है, पर हकीकत यह है कि इस खेल के बारे में लोगों को या सारी दुनिया को पहली मर्तबा पता चला, वरना पहले तो यह खेल 10-12 देशों तक ही सिकुड़ कर रह गया था। इस मैच से 8 करोड़ डॉलर एकत्र किए गए, जो एक रिकॉर्ड है। सिर्फ टिकटों की बिक्री से ही 7.5 लाख डॉलर जुटे।

1970 के बाद पहली बार ऐसा हुआ, जब सारी दुनिया के सभी प्रमुख

क्रिकेटर ऑस्ट्रेलिया में एकत्र हुए कुल मिलाकर यह मैच ऐतिहासिक भी रहा और यादगार भी। सुनामी पीड़ितों की मदद का जज़्बा लिए मैदान में उतरे रिकी पोंटिंग की अगुआई वाले आई.सी.सी. विश्व एकादश ने चैरिटी एकदिवसीय मैच में एशियाई एकादश को भले ही 112 रनों से पराजित कर दिया हो, पर हार जीत का इतना मतलब रह नहीं गया था इस मैच में।

खिलाड़ियों के मन में सिर्फ और सिर्फ एक ही बात थी कि कैसे सुनामी के कहर से पीड़ित लोगों के लिए ज्यादा से ज्यादा धन राशि जुटाई जाए। उनका यह प्रयास सफल भी रहा क्योंकि इस मैच से दस अरब रुपए से ज्यादा की राशि एकत्र की गई। ठसाठस ये मेलबोर्न स्टेडियम में एक बेहतरीन मकसद के लिए खेले गए मैच का पूरा लुत्फ उठाया। हालांकि सौरव गांगुली के नेतृत्व वाली एकादश की टीम में मौजूद भारतीय खिलाड़ियों ने जीतने की भरपूर कोशिश की, पर वे भी अपनी टीम को जिता नहीं सके।

विश्व एकादश ने 345 रनों का विशाल लक्ष्य रखा था एशियाई एकादश के सामने पर एशियाई एकादश सिर्फ 39.5 ओवरों में 232 रन ही बना सका।

विश्व एकादश ने निर्धारित 50 ओवरों में 344 रन बनाए थे। विश्व एकादश के कप्तान रिकी पोंटिंग ने शानदार शतक (155 रन) बनाया। उन्होंने ये रन 102 गेंदों पर सात चौकों और तीन छक्कों की मदद से बनाए। उनके अलावा एडम गिलक्रिस्ट ने 20 गेंदों पर 24 रन, वेस्टइंडीज़ के कप्तान ब्रायन लारा ने 77 गेंदों पर 52 रन, न्यूजीलैंड के मशहूर ऑलराउंडर क्रिस क्रेंस ने 47 गेंदों पर 69 रन (सात चौके, दो छक्के), न्यूजीलैंड के कप्तान स्टीफन फ्लेमिंग ने 28 गेंदों पर 30 रन बनाए। नतीजतन विश्व एकादश ने निर्धारित 50 ओवरों में आठ विकेट पर 344 रन बना लिए। एशियाई एकादश की ओर से मुरलीधरन ने तीन, अनिल कुंबले ने दो तथा ज़हीर खान ने दो विकेट चटकाए।

एशियाई एकादश के लिए मिस्टर भरोसेमंद राहुल द्रविड़ ने 75 रन बेहतरीन बनाए, जबकि वीरेन्द्र सहवाग ने 45 रन बनाकर टीम को अच्छी शुरुआत दी, पर यह शुरुआत किसी काम न आ सकी। श्रीलंका के विस्फोटक बल्लेबाज सनथ जयासूर्या ने 29 गेंदों पर 28 रन, तो वीरेन्द्र सहवाग ने 39 गेंदों पर 45 रन बनाए। टीम के कप्तान सौरव गांगुली ने 40 गेंदों पर 22 रन बनाए, तो राहुल द्रविड़ ने 71 गेंदों पर 77 रन बनाए। राहुल ने अपनी इस अविजीत पारी के दौरान पांच बेहतरीन चौके भी मारे।

श्रीलंका के विकेटकीपर कुमार संगाकारा ने भी टीम की सहायता करने की कोशिश तो की, पर वे सिर्फ 24 रन ही बना सके। बाद में खेलने आए

ज्यादातर बल्लेबाज़ सस्ते में ही चलते बने। रज्जाक, चमिंडा वास, ज़हीर ख़ान और कुंबले आदि कुछ भी न कर सके। नतीजतन एशियाई एकादश की पूरी टीम 40वें ओवर में 232 पर ढेर हो गई और वर्ल्ड एकादश ने यह मैच 112 रनों से जीत लिया। विश्व एकादश की तरफ से वेट्टोरी ने तीन, शेन वॉर्न ने दो तथा मैकग्राथ, डेरेन गौफ और क्रिस क्रेंस ने एक-एक विकेट लिये।

अंतर्राष्ट्रीय क्रिकेट परिषद से एकदिवसीय मैच की मान्यता प्राप्त इस मैच से हुई सारी कमाई वर्ल्ड विजन सुनामी राहत कोष में दे दी गई। तनाव से परे हुआ यह मैच कभी भी तीरस नहीं लगा। सचिन तेंदुलकर कभी खिलाड़ियों के लिए ड्रिंक्स लेकर मैदान में आए, तो कभी कंगारु दर्शकों ने मुरलीधरन की हौसला अफजाई की ओर तालियां पीटीं। शेन वॉर्न ने वन डे क्रिकेट से संन्यास ले रखा है, फिर भी वह यह मैच खेले, तो मुरलीधरन पांच महीने बाद मैदान में वापस दिखे।

ऑस्ट्रेलिया के प्रधानमंत्री जॉन हावर्ड की मौजूदगी में रिकी पोंटिंग ने टॉस जीता और पहले बल्लेबाज़ी करने का फैसला किया। रिकी पोंटिंग ने 98 गेंदों पर इस मैच में शतक बनाया। यह उनका वन डे मैचों में 16वां शतक था। उन्होंने ब्रायन लारा के साथ एक बेहतरीन साझेदारी की।

कुल मिलाकर यह कहा जा सकता है कि यह मैच जिस नेक मकसद के लिए खेला गया, वह उस मकसद में कामयाब भी हो गया। यहां न तो किसी क्रिकेटर की जीत हुई न हार। यहां जीती तो सिर्फ मानवता जीती। क्रिकेट के मैदान पर हुई मानवता की इस जीत की प्रशंसा होनी ही चाहिए।

विश्व एकता और सहृदयता को बेमिसाल उदाहरण प्रस्तुत करते हुए दुनिया भर के क्रिकेटरों ने अपने तरह के अनूठे विश्व एकादश और एशियाई एकादश के बीच दिन-रात के एकदिवसीय क्रिकेट मैच से सोमवार को यहां सुनामी पीड़ितों के लिए लगभग 50 करोड़ रुपये (14.5 लाख ऑस्ट्रेलियाई डॉलर) इकट्ठा किए। अभी यह रकम और बढ़ने की उम्मीद है। यह सुनामी पीड़ितों के सहायतार्थ खेला गया दो मैचों की श्रृंखला का पहला मुकाबला था। दूसरा मैच फरवरी में भारत या श्रीलंका जैसे किसी एशियाई देश में होगा। कमायी के मामले रिकी पोंटिंग पहले नंबर पर रहे जबकि राहुल द्रविड़ ने 75000 व वीरेन्द्र सहवाग ने बल्ले से 95000 डॉलर का योगदान दिया।

मोबाइल कंपनी 'श्री' ने इस मैच में बने प्रत्येक रन के लिए एक हजार डॉलर देने की घोषणा की थी। विश्व एकादश ने पहले खेलते हुए निर्धारित ओवर में 344 रन बनाए इसके जवाब में एशियाई एकादश 232 रन ही बना

सकी। इस तरह पूरे मैच में कुल 576 रन बने। 'श्री' ने इस तरह कुल 576000 डॉलर का दान दिया। इसके अलावा इस मैच में क्रिकेटरों द्वारा पहने गए टी-शर्ट और टॉस के सिक्के की भी नीलामी जारी है। उससे भी बड़ी रकम प्राप्त होने की उम्मीद है। इसके अलावा एक प्रायोजक ने मैच में प्रति छक्के पर पचास हजार डॉलर ईनाम की घोषणा की थी। मैच में कुल सात छक्के पड़े और इस तरह साढ़े तीन लाख डॉलर और इकट्ठा हुए। टिकटों की बिक्री से एक करोड़ 45 लाख डॉलर की राशि जमा हुई। मैच को देखने के लिए कुल सत्तर हजार 101 दर्शक स्टेडियम में मौजूद थे। रनों और छक्कों से मिलने वाली राशि में पोंटिंग और ऑलराउंडर क्रिस क्रेंस ने सर्वाधिक योगदान दिया। पोंटिंग ने तीन छक्कों की मदद से 115 रन बनाए और इस तरह से उन्होंने अकेले ही दो लाख 65 हजार डॉलर पीड़ितों के लिए जुटाए। रनों और छक्कों के माध्यम से धनराशि जुटाने के मामले में न्यूजीजैंड के क्रेयर्स दूसरे स्थान पर रहे। ।

स्कोर बोर्ड

विश्व एकादश	**रन**	**गेंद**	**4**	**6**
गेल का संगकारा बो. जहीर	01	09	0	0
गिलक्रिस्ट का. संगकारा बो. जहीर	24	20	3	1
पोंटिंग स्टं. संगकारा बो. कुंबले	115	102	7	3
लारा का. वास बो. कुंबले	52	77	4	0
क्रेयर्न्स स्टं संगकारा बो. मुरलीधरन	69	47	7	2
मैकग्राथ का. योहाना बो. मुरलीधरन	00	01	0	0
फ्लेमिंग बो. वास	30	28	1	0
हेडेन स्टं. संगकारा बो. मुरलीधरन	02	05	0	0
विटोरी नाबाद	27	17	2	0
वॉर्न नाबाद	02	02	0	0
अतिरिक्त	**22**			
(लेबा.-3, वा.-7, नोवा.-12)				
कुल स्कोर	**344**			
(50 ओवर में, 8 विकेट पर)				

विकेट पतन

1-1(गेल/30,1), 2-50 (गिलक्रिस्ट/9.2), 3-172 (लारा/30.1), 4-263 (पोंटिंग/38.6), 5-264

(मैकग्राथ/39.5), 6-286 (क्रेयन्र्स/41.6), 7-292 (हेडेन/43.4), 8-337 (फ्लेमिंग/49.2)

गेंदबाजी	ओ.	मे.	र.	वि.
वास	9	1	59	1
जहीर	8	0	46	2
रज्जाक	5	0	50	0
मुरलीधरन	10	0	59	3
कुंबले	10	0	73	2
सहवाग	7	0	46	0
जयसूर्या	1	0	8	0

एशियाई एकादश	**रन**	**गेंद**	**4**	**6**
जयसूर्या का. फ्लेमिंग बो. क्रेयन्र्स	28	29	2	0
सहवाग का. गेल बो. वॉर्न	45	39	5	1
गांगुली का. गाफ बो. विट्टोरी	22	40	2	0
द्रविड़ नाबाद	75	71	5	0
योहाना का. पोंटिंग बो. वॉर्न	04	05	0	0
संगकारा का. गिलक्रिस्ट बो. गाफ	24	24	3	0
रज्जाक स्टं. गिलक्रिस्ट बो. विटोरी	11	11	0	0
वास का. मैकग्राथ बो. विटोरी	07	11	0	0
जहीर रन आउट (गेल)	00	00	0	0
कुंबले बो. मैकग्राथ	11	07	2	0
मुरलीधरन रन आउट (विटोरी)	00	02	0	0
अतिरिक्त	**05**			
(लेबा.-2, वा.-2, नोबा.-1)				
कुल स्कोर	**232**			
(39.5 ओवर में, सब आउट)				

विकेट पतन

1-59 (जयसूर्या/9.3, 2-76 (सहवाग/12.2), 3-107 (गांगुली/19.5), 4-114 (योहाना/20.5), 5-156 (संगकारा/28.3), 6-173 (रज्जाक/31.1), 7-197 (वास/35.4), 8-199 (जहीर/36), 9-226 (कुंबले/38.4), 10-232

(मुरलीधरन/39.5)

गेंदबाजी	ओ.	मे.	र.	वि.
मैकग्राथ	7	0	37	1
गॉफ	8	1	55	1
क्रेयर्न्स	6	0	37	1
वॉर्न	7	0	27	2
विटोरी	10	0	58	3
गेल	1.5	0	16	0

उधर दूसरी ओर कोलकाता में खेले गए एक अन्य सहायतार्थ मैच फुटबॉल में भी सौरव सैना जीत गई।

क्रिकेट के मैदान में सफलता के झंडे गाड़ने वाले सौरव ने सुनामी पीड़ितों के सहायतार्थ खेले गए मैच में एक शानदार गोल दागकर अपनी टीम को जीत दिला दी। सौरव द्वारा दागे गए गोल की मदद से उनकी टीम साल्टलेक के युवाभारती क्रीडांगन में खेले गए प्रदर्शनी मैच में मिथुन के नेतृत्व वाली कलाकारों की टीम को 2-0 से हरा दिया। सौरव एकादश के लिए कप्तान सौरव गांगुली एवं दीपंकर राय ने गोल किया। सौरव की टीम में देवाशीष, पाउलो, दीपंकर राय जैसे धाकड़ फुटबॉल खिलाड़ी शामिल थे और शुरु में ही वह मिथुन की टीम पर हावी रहे। फिल्मी पर्दे पर बड़े-बड़े खलनायकों को पानी पिलाने वाले मिथुन सौरव की इस सैना की रक्षा पंक्ति को नहीं भेद पाये। मैच के शुरु होने के साथ ही दोनों तरफ से गोल करने की होड़ मच गई परन्तु मैच के 20वें मिनट में दिपंकर राय को कामयाबी मिली और उन्होंने अभिनेता टीम के गोलकीप सुमित मुखर्जी को छकाते हुए गोल कर दिया। मध्यांतर के बाद कोच पीके बनर्जी से सलाह मशवरा करने के बाद मिथुन मैदान में थोड़े अलग अंदाज में उतरे। पाउलों से गेंद छीनने के चक्कर में मिथुन का हाथ से गेंद टकराया और रेफरी ने सौरव को पैनाल्टी दे दिया। अवसर को सौरव ने बेकार न जाने दिया और गेंद को गोल पोस्ट के अंदर भेज दिया।

रेकॉर्डर्स (टेस्ट क्रिकेट)

पदार्पण - विरुद्ध इंग्लैंड दूसरा टेस्ट, लार्ड्स, 1996

विभिन्न देशों के विरुद्ध राहुल द्रविड़ का प्रदर्शन

विरुद्ध	मैच	रन	उच्च	औसत	100	50	विकेट	सर्वश्रेष्ठ	औसत	5 विकेट	कैच
ऑस्ट्रेलिया	18	1480	233	51.03	2	8	-	-	-	-	32
बांग्लादेश	2	229	160	76.33	1	0	-	-	-	-	6
इंग्लैंड	9	911	217	75.91	3	4	-	-	-	-	14
न्यूजीलैंड	9	1004	222	59.05	4	2	0	-	-	0	12
पाकिस्तान	6	471	270	47.10	1	1	-	-	-	-	9
दक्षिण अफ्रीका	12	829	148	39.47	1	5	-	-	-	-	13
श्रीलंका	9	723	107	55.61	1	6	0	-	-	0	4
वेस्टइंडीज़	13	912	144*	60.80	2	6	1	1/18	18.00	0	12
ज़िम्बाब्वे	7	804	200*	100.50	3	3	0	-	-	0	17
कुल	**86**	**7363**	**270**	**55.52**	**18**	**35**	**1**	**1/18**	**39.00**	**0**	**119**

विभिन्न देशों में द्रविड़ का प्रदर्शन

विरुद्ध	मैच	रन	उच्च	औसत	100	50	विकेट	सर्वश्रेष्ठ	औसत	5 विकेट	कैच
ऑस्ट्रेलिया	7	712	233	64.72	1	3	–	–	–	–	5
बांग्लादेश	3	229	160	76.33	1	0	–	–	–	–	6
इंग्लैंड	6	789	217	87.66	3	3	–	–	–	–	11
भारत	39	3010	222	50.16	6	16	0	–	–	0	62
न्यूजीलैंड	4	452	190	64.57	2	1	–	–	–	–	6
पाकिस्तान	3	309	270	77.25	1	0	–	–	–	–	4
दक्षिण अफ्रीका	5	379	148	42.11	1	2	–	–	–	–	7
श्रीलंका	6	419	107	46.55	1	3	0	–	–	0	2
वेस्टइंडीज	10	764	144*	63.66	1	6	1	1/18	18.00	0	10
जिम्बाब्वे	3	300	118	75.00	1	1	–	–	–	–	6
कुल	**86**	**7363**	**270**	**57.52**	**18**	**35**	**1**	**1/18**	**39.00**	**0**	**119**

साल-दर-साल द्रविड़ का प्रदर्शन

वर्ष	मैच	रन	उच्च	औसत	100	50	विकेट	सर्वश्रेष्ठ	औसत	5 विकेट	कैच
1996	7	436	95	39.63	0	3	–	–	–	–	6
1997	12	984	148	61.50	1	9	0	–	–	0	12
1998	5	413	118	45.88	1	3	–	–	–	–	10
1999	10	865	190	48.05	4	1	0	–	–	0	11
2000	6	624	200*	78.00	2	1	0	–	–	0	6
2001	13	935	180	46.75	1	6	–	–	–	–	16
2002	16	1357	217	59.00	5	5	1	1/18	18.00	0	26
2003	5	803	233	100.37	2	3	–	–	–	–	6
2004	12	946	270	63.06	2	4	–	–	–	–	26

मुख्य उपलब्धियाँ

	मैच नं	विरुद्ध	स्थान	सत्र	उम्र
1000 रन	14	वेस्टइंडीज (पांचवा टेस्ट)	वेस्टइंडीज	1996/97	24 साल 96 दिन
2000 रन	25	न्यूजीलैंड (तीसरा टेस्ट)	न्यूजीलैंड	1998/99	25 साल 356 दिन
3000 रन	39	जिम्बाब्वे (पहला टेस्ट)	भारत	2000/01	27 साल 312 दिन
50 कैच	43	ऑस्ट्रेलिया (तीसरा टेस्ट)	भारत	2000/01	28 साल 66 दिन
4000 रन	48	श्रीलंका (तीसरा टेस्ट)	श्रीलंका	2001	28 साल 230 दिन
5000 रन	63	इंग्लैंड (तीसरा टेस्ट)	इंग्लैंड	2002	29 साल 223 दिन
6000 रन	73	ऑस्ट्रेलिया (दूसरा टेस्ट)	आस्ट्रेलिया	2003/04	30 साल 335 दिन
100 कैच	79	ऑस्ट्रेलिया (पहला टेस्ट)	भारत	2004/05	31 साल 269 दिन
7000 रन	82	ऑस्ट्रेलिया (चौथा टेस्ट)	भारत	2004/05	31 साल 297 दिन

मैन ऑफ द मैच अवार्ड्स का ब्यौरा

विरुद्ध	स्थान	वर्ष	परिणाम	प्रदर्शन (रन)
दक्षिण अफ्रीका (तीसरा टेस्ट)	जोहंसबर्ग	1996/97	ड्रा	148 व 81
वेस्टइंडीज (पांचवा टेस्ट)	जार्जटाउन	1996/97	ड्रा	92
इंग्लैंड (तीसरा टेस्ट)	लीड्स	2002	जीत	148
इंग्लैंड (चौथा टेस्ट)	द ओवल	2002	ड्रा	217
न्यूजीलैंड (पहला टेस्ट)	अहमदाबाद	2003/04	ड्रा	222 व 73
आस्ट्रेलिया (दूसरा टेस्ट)	एडीलेड	2003/04	जीत	233 व 72*
पाकिस्तान (तीसरा टेस्ट)	रावलपिंडी	2003/04	जीत	270

मैन आफ द सीरीज अवार्ड् का ब्यौरा

विरुद्ध	स्थान	रन (औसत)	सत्र	शृंखला विजेता
इंग्लैंड	इंग्लैंड	602 (100.33)	2002	ड्रा
ऑस्ट्रेलिया	ऑस्ट्रेलिया	619 (123.80)	2003/04	ड्रा

शतकों का ब्यौरा

	रन	विरुद्ध	स्थान	सत्र	परिणाम
1.	148	दक्षिण अफ्रीका (तीसरा टेस्ट)	जोहंसबर्ग	1996/97	ड्रा
2.	118	जिम्बाब्वे (एकमात्र टेस्ट)	हरारे	1998/99	हारा
3.	190	न्यूजीलैंड (तीसरा टेस्ट)	हैमिल्टन	1998/99	ड्रा
4.	103*	न्यूजीलैंड (तीसरा टेस्ट)	हैमिल्टन	1998/99	ड्रा
5.	107	श्रीलंका (दूसरा टेस्ट)	कोलंबो	1998/99	ड्रा
6.	144	न्यूजीलैंड (पहला टेस्ट)	चंडीगढ़	1999/00	ड्रा
7.	200*	जिम्बाब्वे (पहला टेस्ट)	दिल्ली	2000/01	जीत
8.	162	जिम्बाब्वे (पहला टेस्ट)	नागपुर	2000/01	ड्रा
9.	180	आस्ट्रेलिया (दूसरा टेस्ट)	कोलकाता	2000/01	जीत
10.	144*	वेस्टइंडीज (पहला टेस्ट)	जार्जटाउन	2001/02	ड्रा
11.	115	इंग्लैंड (दूसरा टेस्ट)	नाटिंघम	2002	ड्रा
12.	148	इंग्लैंड (तीसरा टेस्ट)	लीड्स	2002	जीत
13.	217	इंग्लैंड (चौथा टेस्ट)	द् ओवल	2002	ड्रा

14.	100*	वेस्टइंडीज (पहला टेस्ट)	मुंबई	2002/03	जीत
15.	222	न्यूज़ीलैंड (पहला टेस्ट)	अहमदाबाद	2003/04	ड्रा
16.	233	ऑस्ट्रेलिया (दूसरा टेस्ट)	एडीलेड	2003/04	जीत
17.	270	पाकिस्तान (तीसरा टेस्ट)	रावलपिंडी	2003/04	जीत
18.	160	बांग्लादेश (दूसरा टेस्ट)	चित्तगांव	2004/05	जीत

एक ही टेस्ट की दोनों पारियों में शतक बनाने वाले भारतीय बल्लेबाज

नाम	रन	विरुद्ध	स्थान	सत्र
विजय हजारे	116 व 145	ऑस्ट्रेलिया	एडीलेड	1947/48
सुनील गावस्कर	124 व 220	वेस्टइंडीज	पोट ऑफ स्पेन	1970/71
सुनील गावस्कर	111 व 137	पाकिस्तान	कराची	1978/79
सुनील गावस्कर	107 व 182*	वेस्टइंडीज	कोलकाता	1979/79
राहुल द्रविड़	190 व 103*	न्यूजीलैंड	हैमिल्टन	1998/99

भारत की ओर से सर्वाधिक दोहरा शतक बनाने वाले बल्लेबाज
(कम से कम दो दोहरे शतक)

नाम	मैच	दोहरे शतक
राहुल द्रविड़	86	5
सचिन तेंदुलकर	120	4
सुनील गावस्कर	125	4
विनोद कांबली	17	2
दिलीप सरदेसाइ	30	2
वीनू मांकड	44	2

रेकॉडर्स (एकदिवसीय क्रिकेट)

पदार्पण - विरुद्ध श्रीलंका (सिंगर कप) सिंगापुर 1995/96

विभिन्न देशों के विरुद्ध द्रविड़ का प्रदर्शन

विरुद्ध	मैच	रन	उच्च	औसत	100	50	विकेट	सर्वश्रेष्ठ	औसत	5 विकेट	कैच	स्टंप
ऑस्ट्रेलिया	30	812	80	29.00	0	7	-	-	-	-	17	1
बांग्लादेश	7	119	60	29.75	0	2	-	-	-	-	6	0
इंग्लैंड	12	442	82	49.11	0	6	-	-	-	-	13	2
केन्या	11	358	104*	71.60	1	1	0	-	-	0	5	2
नमिबिया	1	-	-	-	-	-	-	-	-	-	2	0
नीदरलैंड	1	17	17	17.00	0	0	-	-	-	-	3	0
न्यूजीलैंड	27	974	153	46.38	2	5	-	-	-	-	19	1
पाकिस्तान	44	1198	107	31.52	1	7	1	1/21	21.00	0	26	1
दक्षिण अफ्रीका	27	1014	84	40.56	0	11	3	2/43	26.00	0	14	1
श्रीलंका	29	1001	145	41.70	2	5	0	-	-	0	15	3
यू.ए.ई.	1	104	104	104.00	1	0	-	-	-	-	1	1
वेस्टइंडीज	25	847	109*	44.57	2	4	0	-	-	0	14	2
जिम्बाब्वे	30	865	85	39.31	0	8	-	-	-	-	15	0
कुल	**245**	**7751**	**153**	**39.34**	**9**	**56**	**4**	**2/43**	**42.50**	**0**	**150**	**14**

विभिन्न देशों में द्रविड़ का प्रदर्शन

देश	मैच	रन	उच्च	औसत	100	50	विकेट	सर्वश्रेष्ठ	औसत	5 विकेट	कैच	स्टंप
ऑस्ट्रेलिया	18	545	84	32.05	0	6	–	–	–	–	12	0
बांग्लादेश	7	231	60	38.50	0	2	0	–	–	0	7	0
कनाडा	18	415	90	27.66	0	2	–	–	–	–	11	0
इंग्लैंड	20	891	145	55.68	2	8	0	–	–	–	16	3
भारत	59	2027	153	40.54	4	12	4	2/43	29.50	0	27	2
केन्या	8	238	68*	39.66	0	2	0	–	–	0	6	0
नीदरलैंड	2	0	0	0.00	0	0	–	–	–	–	4	0
न्यूजीलैंड	12	425	123*	38.63	1	2	–	–	–	–	9	0
पाकिस्तान	6	298	99	59.60	0	3	–	–	–	–	3	1
दक्षिण अफ्रीका	25	769	84	45.23	0	8	–	–	–	–	19	4
श्रीलंका	33	862	104	37.47	1	5	0	–	–	0	20	2
सिंगापुर	6	190	103*	38.00	1	0	–	–	–	–	6	0
यू.ए.ई.	15	426	85	28.40	0	3	–	–	–	–	5	1
वेस्टइंडीज	7	178	74	35.60	0	1	–	–	–	–	2	1
जिम्बाब्वे	9	256	72*	51.20	0	2	–	–	–	–	3	0
कुल	**245**	**7751**	**153**	**39.34**	**9**	**56**	**4**	**2/43**	**42.50**	**0**	**150**	**14**

साल-दर-साल द्रविड़ का प्रदर्शन

वर्ष	मैच	रन	उच्च	औसत	100	50	विकेट	सर्वश्रेष्ठ	औसत	5 विकेट	कैच	स्टंप
1996	20	475	90	27.94	0	3	-	-	-	-	14	0
1997	31	951	107	39.62	1	8	0	-	-	0	9	0
1998	14	283	64	21.76	0	1	0	-	-	0	9	0
1999	43	1761	153	46.34	6	8	1	1/21	31.00	0	26	1
2000	31	980	85	35.00	0	9	3	2/43	22.66	0	15	0
2001	24	740	80	43.52	0	6	-	-	-	-	8	3
2002	28	913	109*	48.05	1	7	-	-	-	-	25	5
2003	23	623	62	41.53	0	4	-	-	-	-	20	2
2004	31	1025	104	39.42	1	10	-	-	-	-	24	3

मुख्य उपलब्धियाँ

	मैच नं	विरुद्ध	स्थान	सत्र	उम्र
1000 रन	35	पाकिस्तान	भारत	1997	24 साल 130 दिन
2000 रन	70	न्यूजीलैंड	न्यूजीलैंड	1998/99	26 साल 8 दिन
3000 रन	96	वेस्टइंडीज	सिंगापुर	1999	26 साल 240 दिन
50 कैच	99	वेस्टइंडीज	कनाडा	1999	26 साल 246 दिन
4000 रन	124	पाकिस्तान	यू.ए.ई.	1999/00	27 साल 75 दिन
5000 रन	158	दक्षिण अफ्रीका	दक्षिण अफ्रीका	2001/02	28 साल 272 दिन
100 कैच	178	जिम्बाब्वे	श्रीलंका	2002/03	29 साल 246 दिन
6000 रन	187	वेस्टइंडीज	भारत	2002/03	29 साल 311 दिन
7000 रन	223	ऑस्ट्रेलिया	आस्ट्रेलिया	2003/04	31 साल 26 दिन

मैन ऑफ द मैच अवार्ड्स का ब्यौरा

विरुद्ध	स्थान	शृंखला/प्रतियोगिता	सत्र	परिणाम	रन
पाकिस्तान (तीसरा मैच)	टोरंटो	सहारा कप	1996	जीत	46
दक्षिण अफ्रीका (फाइनल)	डरबन	स्टैंडर्ड बैंक	1996/97	जीत	84
न्यूजीलैंड (पहला मैच)	टावपो	एकदिवसीय शृंखला	1998/99	जीत	123*
न्यूजीलैंड (चौथा मैच)	आकलैंड	एकदिवसीय शृंखला	1998/99	जीत	51
वेस्टइंडीज (तीसरा मैच)	टोरंटो	डी.एम.सी. कप	1999	जीत	77
जिम्बाब्वे (तीसरा मैच)	बुलावयो	कोका कोला कप	2001	जीत	72*
श्रीलंका (छठा मैच)	बर्मिंघम	नैट वेस्ट	2002	जीत	64
यू.ए.ई. (दूसरा मैच)	डंबुला	एशिया कप	2004	जीत	104

शतकों का ब्यौरा

	रन	विरुद्ध	प्रतियोगिता	स्थान	सत्र	परिणाम
1.	107	पाकिस्तान (छठा मैच)	इंडीपेंडेंस कप	चेन्नई	1997	हार
2.	123*	न्यूजीलैंड (पहला मैच)	एकदिवसीय शृंखला	टावपो	1998/99	हार
3.	116	श्रीलंका (दूसरा मैच)	पेप्सी कप	नागपुर	1998/99	जीत
4.	104*	केन्या (15वां मैच)	विश्व कप	ब्रिस्टल	1999	जीत
5.	145	श्रीलंका (21वां मैच)	विश्व कप	टांटन	1999	जीत
6.	103*	वेस्टइंडीज (फाइनल)	सिंगापुर चैलेंज	सिंगापुर	1999	हार
7.	153	न्यूजीलैंड (दूसरा मैच)	एकदिवसीय शृंखला	हैदराबाद	1999/00	जीत
8.	109*	वेस्टइंडीज (चौथा मैच)	एकदिवसीय शृंखला	अहमदाबाद	2002/03	जीत
9.	104	यू.ए.ई. (दूसरा मैच)	एशिया कप	डंबुला	2004	जीत